国定公園平尾台の魅力

曾塚 孝

悠光堂

CONTENTS

第1章　平尾村

戦前・戦後の変化 ……………………………………………… 6

平尾村とのかかわり …………………………………………… 16

第2章　平尾台の地史・台地の地形

平尾台の歴史を編む …………………………………………… 26

平尾台の地殻変動と生物の変化 ……………………………… 33

平尾台カルスト台地の歴史 …………………………………… 40

平尾台の陥没穴 ………………………………………………… 46

平尾台の遺跡 …………………………………………………… 48

福岡県教育センターにおける地すべり・岩盤崩壊について …… 50

第3章　平尾台の植物

平尾台を代表する植物 ………………………………………… 56

平尾台の大木 …………………………………………………… 62

福岡県の天然記念物・名勝・渓谷など ……………………… 64

ハチク林伐採後の植生の変化 ………………………………… 66

第4章　平尾台の動物

平尾台の昔の動物 ……………………………………………… 80

平尾台の今の動物 ……………………………………………… 82

第 5 章　理科部の物語

平尾台地域を歩いて感じたいろいろな疑問 …………………… 96
ことはじめ ………………………………………………… 97
竪穴に入ろう ……………………………………………… 100
日韓合同洞窟調査 ………………………………………… 102
人参窪第一洞いろいろ …………………………………… 104
石灰岩 ……………………………………………………… 105
魚の化石 …………………………………………………… 110
博物館 ……………………………………………………… 115
三館合同の博物館など …………………………………… 121
理科部員二期生の調査記録 ……………………………… 122
平尾台とホタルについて ………………………………… 127
平尾台の広谷地域 ………………………………………… 129
理科部の活動のまとめ …………………………………… 130
雨の日も楽しく 雨粒の大きさを調べよう ……………… 134
DNA を取り出し、アルコールづけをつくる …………… 135
福岡県立北九州高等学校・理科部の活躍 ……………… 136
年表 ………………………………………………………… 139

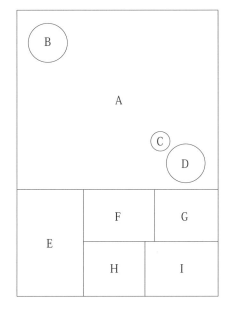

表紙（本扉）キャプション

A：国定公園 平尾台
B：女王の花オキナグザ
C：ノヒメユリ
D：春の花スミレ
E：目白洞の地下の滝
F：魚の化石（中生代）スレンダータイプ
G：魚の化石の発掘現場　北九州高校理科部
H：土壌調査中の樋口、亀井
I：調査を終えて青龍窟の風穴から出てきた曾塚（筆者）

—

第1章
平 尾 村

戦前、平尾台の帰り水を中心に、水上姓、次に壹岐尾姓などが円形に居を構えた。これが平尾台の本村で、その外側に平尾分校ができ、軍隊がやってきた。戦後、引揚者が入植し、広い道路や畑ができ、セメント会社がやってきた。このような、今の平尾町内を、愛称で「平尾村」と呼び、戦前から今までの平尾台の様子を、聞き語りにして記した。

戦前・戦後の変化

■本村までの2つの道

本村まで行く道は主に2つあるが、1つは等覚寺から青龍窟を通って中峠を越して行く道で、中峠―水源の穴―ショウケ窪―鞍はずし―深窪―山神社―本村のコース。途中、広谷を通るが、ここの水は昔から、産湯の水、末期の水として使っており、神聖な水とされてきたようである。中峠を越すと、道は石灰岩柱の間を通って、深窪を経て山神社へ行く。はじめは緩やかな山道だが、水源の穴を過ぎてから、石灰岩柱が増えてくる。特にショウケ窪の手前に来ると、石灰岩柱のため人と馬は並んで通れない。人は馬に乗ったまま通り、石灰岩柱の間を過ぎると、やっと馬を休めて一休みできる。馬から下り、荷物も鞍もはずし休憩できるため「鞍はずし」と呼ばれている。その後は、深窪の横も、山神社までの林のなかも、緩やかな道になるため「鞍はずし」のところで一休みするのだ。

そして、先程通ってきた石灰岩柱の多い道の横に大きなドリーネがある。

平尾台には、すり鉢状の形をした大きな窪地があるが、これがドリーネである。東西からでも、南北からの断面でも同じ形をしたきれいな形のドリーネがあり、その代表は「深窪」の名前の平尾台で最大のドリーネで、大平山の南面にある。

ドリーネは、形の整ったすり鉢状のものばかりでなく、石灰岩の壁を持った「箱穴」「牡鹿洞」「エノハ淵」などもある。形の整ったすり鉢状のドリーネが並んだ「川ドリーネ」は牡鹿洞の東側にある。ススキの穂が風でなびく様は本当に絶景である。

上記の石灰岩柱の近くにあるドリーネは「ショウケ窪」といって、いくら雨が降ってもドリーネには水が溜まらず、竹で編んだショウケのようなドリーネのため「ショウケ窪」と呼ばれている。平尾台のドリーネには、いくら雨が降っても水の溜まらないドリーネと、水の溜まりやすいドリーネがあるが、これはドリーネの底に、地下に水が流れるポノールという穴があり、雨の量と地下に

平尾村を守る山神社

雨で水の溜まったドリーネ

青龍窟

敷地払い・千仏鍾乳洞

吸い込む量とのバランスによって異なる。

　水が溜まりやすい洞窟には、「牡鹿洞」があり、雨量が多いと入窟できなくなる観光洞だ。昔は水が溜まると、夏にはそこで泳いだり、飲み水にしたりしていたようである。「千仏鍾乳洞」も、雨が多いと洞窟のなかの水の流れが少し増える。

　東側の行橋・苅田側からは、青龍窟から柳峠や広谷峠を経て広谷地域に登り道があるが、いずれも山伏などが利用している道で、住民は避けてきたきらいがある。西側から平尾台に登る道は、いずれも険しい道ばかりだった。重く大きなものは馬によって運ぶしかなく、西側の小倉側からは今の吹上峠近くを通って登るか、呼野からは小糸池（おいといけ）の近くから登るしかなかった。平尾台への道は、小笠原藩のあった西側から、平尾台に登るのが主流だったようだが、平尾台へ行く道はいずれも険しいものだった。

　もう1つの道は、千仏鍾乳洞のある千仏谷からエノハ淵を経て登るか、不動坂峠への急坂を登る道である。エノハ淵の、「エノハ」はハヤという魚の地方名で、エノハの棲んでいる淵状の水溜まりの意である。私は戦後、平尾台に登ったときに、エノハ淵でエノハが泳いでいたのを見た記憶がある（平成になった現在ではエノハは見かけていない）。

　千仏鍾乳洞から不動坂への道は昔からよく知られていて、かつての1／5万の地形図には、車の通れる道として示されている。

　いずれにしても、平らな台地の平尾台に登るためには、どこを通っても、急な崖を歩いて通るか、馬を利用するかしかなかったようだ。

　平尾台の村の人たちの永年の望みがかなって、車が通る道ができたのは、戦後、軍隊がいなくなり、大勢の入植者が平尾台に定住してからである。

　そのようななか、本村、千仏、内の蔵の3つの集落は、互いに連絡を取り合いながら生活をしてきた。それを表す1つが「学校」である。

　戦時中、平尾台にできた新道寺国民学校の平尾分校は人家のあった平尾村と千仏谷と内の蔵谷の3箇所の民家を交互に使用していた。3年間で一回りではなく、都合がついた民家が順に受け継いでいたようである。

　学校の先生は平尾台ではなく山の麓に住んでいて、生徒は毎朝先生を迎えに山を下り、鞄を受け取り、先生の背中を押して山を登ってくる。放課後はまた生徒が先生を山の下まで送っていた。戦後になって、3箇所で行っていた国民学校は、新道寺小学校の平尾分校になり、平尾集落に近いところに移ったが、広い敷地が取れず、村はずれにあった元軍隊の平尾台司令官がいた官舎の

第1章　平尾村

横につくった。校庭にあったドリーネは、土を運んで平らにした。平尾台の町内の人が総出で、校舎の敷地とグラウンドを造ったのである。平成7（1995）年には学校は創立から100年を迎え、体育館横に記念碑を建てた。だが、平尾台集落の人口が減少し、新道寺小学校の分校は平成20（2008）年で終了。その後には、私立の平尾台四季の丘小学校が誕生した。その後、校名が変更し、北九州子どもの村小学校と子どもの村中学校が誕生し、（ちょっと早めの）「九周年行事」を平成28（2016）11月に行った。

■受け継がれる文化

平尾台の畑のなかからは、ハマグリやサザエのふたなどの海産物の名残が出土する。平尾台の東側には、瀬戸内海に面している行橋平野があり、縄文や弥生時代の人々は海産物を持って平尾台に登って来ていたようだ。

ほかにも平尾台では土器やヤジリが出土する（これを集めて持って帰る人がいるが、むやみに持ち帰らないでほしい）。平尾台で見つかるヤジリなどに使われている黒曜石は、よく見られる色の黒い石ではなく、やや半透明の黒曜石が使われている。この色の薄い黒曜石は、平尾台の東の方向に見える大分県の姫島から産する石で、平尾台では姫島から原石を持ってきて、加工していたようだ。平尾台での黒曜石の加工場所（黒曜石のかけらが散乱しているところ）をさがしたところ、広谷湿原にたくさんの破片が転がっていた。ここは広谷地区の人たちにとって神聖な場所であり、青龍窟信仰（山伏信仰）、子どもたちの産湯の水場所、人々の末期の水場でもあった。

山伏信仰は、まず青龍窟に詣でたあと、平尾台を北から南まで一周する行を行う。大分県の英彦山や国東半島を中心に広まり、青龍窟での行はその流れの1つで、平尾台近くの菅生の滝のところの現在の住職は、山伏の流れを汲んでおり、平尾台周辺には山伏信仰が色濃く残っている。

平尾台北麓の井手浦地区では、毎年「尻振り祭り」が行われている。豊作祈願の祭りだ。「昔、平尾台に大蛇がいて悪さをするので、神様がこれを退治した。ところが尻尾が井手浦に落ち、ピンピン尻尾を振ったそうな。その年は10数年ぶりの大豊作に恵まれた」ということにちなみ始まったと伝えられている。長さ4m、高さ3mの大蛇をわらで作り祭壇を設け、その前で神主さん、当番座元、翌年の座元の三人が腰をかがめお尻を振る。このあと神主が大蛇を3本の弓矢で射止め、3箇所斬って大蛇を退治し、豊作を祈願する。350年前から毎年1月に豊作を願って祈願、奉納されている。

平尾台の盆踊りは、中心に櫓を建て、太鼓をたたき、口説きを奏でて踊る。平尾台近くの「能行（のうぎょう）」で行われる盆踊りは「能行口説き（のうぎょうくどき）」と呼ばれ、周辺の井手浦や高津尾でも「能行口説き」が行われている。近くには、蒲生八幡様があって小倉の小笠原藩の町家の守り神になっており、蒲生八幡様は「一の宮」である。平尾台では、今でもお祓いや禊や盆踊りなどを、皆で昔の流れを行っている。

小倉城の南の地名に「北方（きたがた）」や「南方（みなみかた）」があるが、これは蒲生八

市指定無形民俗文化財

能行の盆踊

昭59・2・1指定

田父救郡の農村部に分布する踊りの一つである。盆踊歌の「能行口説」がこの地で起こった心中事件を素材にしていることで近郷で有名である。

能行村で起こったお千代（十九才）儀平（二十才）の心中事件が、翌七年夏、瓦版で企救郡や近郷に作詞された口説き歌りの口説歌となって現在に流布している。

この口説歌にお囃子、音頭取りは手振りにあわせて右回りに踊る。この踊りの特徴は、宮太鼓一個を輪の中心にお・音頭取「ゆみひき踊」とも呼んでいる。この踊りを別名「こうをすると左手を前方に伸ばし、右手を曲げて腰のあたりに来る。左手を前方に伸ばし、いわゆる弓を引くのもこの形態を示すものとして重要である。現在は毎年八月十六日の夜だけ長行西二丁目公園で踊っている。

能行口説

天保六年（一八三五）二月二十一日、企救郡以後同郡の代表的な口説歌として歌われている地域の盆踊りの代表的な口説歌となって現在に各段五〇節からなり、「花づくし」「い」段三〇節をいれて長編の歌詞に変化を付けている。

北九州市教育委員会

能行の盆踊

幡様より北方や、南方にあるため名付けられたものである。蒲生八幡様や能行地域は、平尾台に近いところの1つの文化の中心地であり、お祓いや盆踊りなどはその影響を受けている。平尾台で行われている禊は、平尾台の南方にある英彦山の影響や修験道者などが影響している。これらのことから、平尾台の文化は周辺の様々な文化の影響を受けていることがわかる。

平尾台の北方には、三角形の尖った山「塔ヶ峯」があるが、ここに小笠原藩10万石の南方の出城があった。出城の標高はおよそ400mで、田川方面からの人や馬の移動が眼下に見えるよい出城だった。井手浦の山裾に開いている井手浦洞の横から、まっすぐ急な登り道が現在でもかすかに残っている。平尾台の南端の龍ヶ鼻から「おはな畑」一帯は、小笠原藩の「御刈り場」で、龍ヶ鼻では今でもイノシシ、シカ、アナグマなど野生動物が豊富に棲んでいる。昔はよい狩猟場だったようで、当時は小笠原藩のご領地として保護されていた。山口県の毛利藩と九州の各藩との戦いがあった小倉戦争のときに、九州の諸藩の意志統一のために揃って狩猟が行われ、シカやイノシシなどが大収穫だったという記録も残っている。

■能行口説きについて

小倉南区・平尾台の西の麓の中谷と東谷の間のところに能行（のうぎょう）という場所があり、

大清水池

近くに小倉城南の蒲生一宮がある。盆踊りは、東谷や中谷、平尾台で行われている。櫓を組んで、太鼓の音頭で踊る盆踊りが行われている。このときに唄われるのが、能行口説き（のうぎょうくどき）である。口説きは物語を唄っていて、第一段から第七段に分けて唄われる。私が驚いたのは、能行口説きの歌詞が心中物語だったことである。都市部から少し離れた農村部では中断していたが、最近復活したところもある。平尾台では、本村の人も、戦後入植してきた人も、平尾台から離れた人も、盆になると平尾台にあがってきて、本当に賑やかに盆踊りを踊る。余興も含めた盆の一大行事である。

下記に歌詞の最初の一節を左側に、物語の概略を右側に示した。能行口説きは今はあまり知られていないため、出だしのところだけ示す。

〈能行口説き〉	〈解　説〉
サアサどなたも踊り子様よ 　　丸く輪になろ口説きにつれて 踊りゃ誠に仏の供養 　　私しゃ一寸出の度素人なれど 合うか合わぬかあわしてみます 　　盆の口説きも数数あれど	旧企球郡の能行村の庄屋の五平次の家に、養子(21歳)として儀平がきた。そこに萩の町から、お千代(19歳)を養女として迎え、1835年の2月21日に養子として籍を入れた。2人いずれも家を継ぐことのできない宿命にあったために、心中するという悲惨なものとなったのが、能行口説きで

近郷今在その名のひびく
　　能行口説きにこう出てみます
能行口説きも数数あれど
　　習い習い覚えし第初段目の
お千代儀平の出合いのくだり
　　探りさぐりて相務めます
サアサどなたもお手拍子シャンと
　　手拍子無ければ口説かれません
声が出ません　蚊の泣く程も
　　だれかどなたか跡取頼む
もろた貰いました　此所からもろた
　　もろたもろたで捕まるのじゃないが
今は借ります　後ちゃ返します
　　この先はお上手なお方
私しゃちょっと出のサンバソなれば
　　一つ口説きもみなまじゃ知らぬ
能行口説きの段数あれど
　　習い覚えし第初段目の
お千代儀兵の心中話し
　　手拍子頼りに相勤めます

（第一段）
義理という字は　何から起こる
　　思い会うたる　種から起こる
心中心中も　世に多いけれど
　　ためし少ない　今度の心中
由来いかにと　尋ねて聞けば
　　頃は天保の　六とせの二月

ある。
　天保6（1835）年に、実際に起こった素材を入れて唄っている。詩の形は七七調で五段530の節で、宮太鼓を輪の中心に右回りで踊り、弓を引く格好から別名を「弓引き踊り」とも呼ばれる。詩の中には「花ずくし」「色はずくし」を入れて変化を付けている。

（第一段）
企球郡に筑前田代村の大庄屋がいた。利久右衛門には世継ぎがいなかった。筑前田代村の匹田儀平を養子に迎えて、縁故のある萩の千代と祝儀を挙げさせた。そのときが、天保6年2月のことで、儀平が21歳のときだった。
（第二段）略
（第三段）略
（第四段）略
（第五段）
「色はずくし　黒は涙を流し　ちりぬるを　わが草の命を今限り　葦の命を　そや親のご恩は忘れはせねど　これも前世の約束事と　口にはいえず」
（第六段）
如月21日悲願の中日　盃収めをして
（第七段）
儀平と千代は心中した

と唄われていて、のぞきを唄い、太鼓を叩いて踊り明かす、そんな踊りが能行を中心に井出浦でも平尾台でも広くこの地方で行われている。

■軍隊の影響と戦中・戦後の変化

　上述の「おはな畑」は平尾台には珍しく、少し湿地帯になっていた。「尾花畑」「お花畑」とも言われており、平尾台を彩る花々が咲いていた。「尾花」はススキの穂が風になびいているさま

で、そこから「尾花畑」とも呼んだようである。平尾台には、ススキやオガルカヤやメガルカヤ、それにネザサが多く生えていて、秋になると草原はススキの白、カルカヤの淡黄色や濃黄色で彩られる。ススキやカヤは、屋根の葺き替えなどの材料として、人々の生活には欠かせないものであっ

た。平尾台の原野は、個人の所有地ではなく、入会地のような地であった。秋のある決められた日に、茅刈りが行われ、平尾台の東側から行橋や苅田の人々が登ってきた。田川方面からの人々も、西側の小倉方面から登ってきた。良質で多量の茅は時に争いのもととなり、裁判ざたになることもあった。刈り取った茅は、平尾台の上からリフトを使って降ろしていた。木製のリフトの1本は、住友セメントの横の「大清水池（おしょうずいけ）」の近くにあり、1本は三菱セメントの事務所の横にある「小糸池（おいといけ）」の近くにあって、今でも木製の柱が立っている。簡単なものではあるが、当時は立派に役に立った装置だ。戦時中は軍隊の馬用のまぐさとして茅刈りが行われ、平尾集落の大事な収入源ともなった。

既述の通り、平尾台の集落は茅葺屋根であった。そのため、一度火事になると強風と水不足で、本村の家々はたちまち焼失してしまった。長押（なげし）にあった槍などの武具や家財道具も、すべて焼失したとのことだ。

北九州には、明治に操業を開始した官営の八幡製鉄所や関門海峡、戸畑には石炭積み出し港など重要な施設があった。平尾台や香春岳の石灰岩、小倉炭田や筑豊炭田の石炭などもあった。旧小倉市北方には第七連隊があった。周辺600m前後の山は要塞として一般人の入山を禁止した。平尾台にも陸軍の施設があり、銃の射撃場として使用されていた。その関係で、今でも手榴弾や小銃の弾が見つかっている。

第2次世界大戦後は、引き揚げてきた人たちが本村の外側に住みだした。引揚者は北九州市の各地に入植したが、旧小倉市では北方の軍の施設の跡などに入植していった。平尾台にも軍隊がいたため、大勢の入植者が平尾台の各所に入ってきた。カルスト台地の平尾台には生活用の水がなく、また農耕用の水も少なく、入植者は大変苦労

平尾台の戦時中の弾薬

した（平尾台公民館の駐車場には開拓記念碑が建立されている）。おはな畑、羊群原など耕作できそうなところは手当たり次第に開発されたが、水がないことは、生活にも農作業にも苦労を与えた。本村の人たちも、軍隊がいなくなっての生活は大変になった。

第2次世界大戦中には、軍隊によって中峠近くにある洞窟の水源の穴から、軍隊がいる平尾台の本村の中心地まで、鉄管を張りめぐらせていた。中峠近くから、ショウケ窪を通り、鞍はずしから、大窪、山神社を通って、現在の公民館のところまで鉄管が伸びている。今でも平尾台集落の人たちは、畑灌用の水として使っており、平尾台に上水道が通るまでは、生活用水としても使われていた。カルスト台地の水は非常に貴重なもので、水探しが常に行われていた。

永い間、平尾台住人の悲願であった上下水道が設置されたのは「平尾台自然の郷」ができたときだった。上下水道が敷設される前に、内の蔵から行橋に下る道が設置されていたため、平尾台もやっと交通・上下水道が敷設され、生活の基礎ができた。水道は北九州市の井手浦浄水場の水が来ていて、永年の夢だった上水道の開通に住民は大変喜んだ。だが、平尾台の人たちは今まで飲んでいた水に比べると、水が不味くなったといっている。平尾台の水は硬水で、ヤカンなどでお湯を沸

かすと鍋の底に石灰分が溜まったが、味はよかったようだ。北九州ケイビングクラブ（以降KCC）が、平尾台で洞窟調査を行っていると、平尾台の人たちから「どこかに水はありませんか」とよく聞かれたものだ。

　生活用水や、畑の灌漑用水などに使うのだが、生活や産業を広げるためには、もっと多量の水が必要になるのである。洞窟のなかの水といえば、こむそう穴の地下100mのところに多量の地下水が溜まっていると答えた。平尾台の西側の麓にある大清水池などの水を海抜400mの台上まであげるには、経済的には見合わないのである。

　川や池がなく水の少ないこの土地では、水のある「帰り水」近くの「山神社」を中心に、生活や祭りが行われてきた。祭りのなかで古くから行われたのは、帰り水がある水神様の祭りである。水神様の祭り、風神様の祭り、敷地祓いなどの祭事が行われたことから、平尾台太鼓が創立された。

　水とともに昭和20（1945）年の終戦になるまでは、人々も軍隊も平尾台に登るためのよい道がなかった。道ができる前の平尾台では、大きな道がなく墓地もないので、仏事が生じたときは大変だった。本村の人たちは戦前は家の周りに墓地があり土葬を行っていたが、戦後入植してきた人たちは仏様を、平尾台の下までは運べないため、やむを得ず平尾台の上で火葬にした。足場がよく、樹木があるところで火葬したようである。

■戦後の開発計画

　戦後の旧小倉市は、平尾台の開発をいろいろ計画した。旧小倉市からの道路の計画、雪が多かったためスキー場を計画し、草原があり軍隊がいたので競馬場を計画、集会場、グラウンド、ヘリポートなども計画された。そのなかのいくつかはできたものの、多くは計画されて施設はできたが数年で中止したり、計画だけのものばかりであった。戦後の平尾台開拓で入植してきた人たちは、元軍隊の平尾台司令官がいた官舎の風呂を、皆で使った関係で、元官舎が集会所になった。また入植者の各自の自宅も、いろんな廃材で造った。

■平尾台の野焼きについて

　平尾台の春は、野焼きからはじまる。今は野焼き、昔は山焼きと言っていた。山口県の石灰岩地の秋吉台では、今でも山焼きと言っている。

　野焼きの行事は、熊本県の阿蘇山、山口県の秋吉台、奈良県でも春の風物詩となっているが、元々は草原の植物の芽立ちを助けるため、害虫の駆除や不要な外来植物の駆除などを目的として行っていた。遅くとも、江戸時代から草原の害虫

野焼きは係員がバーナーで火をつける

野焼き殉職者碑

の駆除のため、牛馬の餌にする草の芽吹きをよくするため、地元農家の手で営まれてきた。

平尾台では毎年2月の第3日曜日に野焼きが行われるが、毎年雨や積雪があったりして予定の日通りに実行されることが難しい。花火とヘリコプターの合図で、山の高いところからはじまり、次に下の方から火をつける。午前と午後に別れて開始する。

平尾台の野焼きの準備は、前年の10月から、幅20m、長さ約10kmの防火帯切りからはじまる。防火帯は、延焼防止のためで、刈った後の草は燃やしてしまう。この草刈りや草焼きの火を見ると、来年の野焼きの準備が始まったことがわかる。野焼きには、平尾台だけでなく周辺の集落から大勢の人が参加し、消防署、警察、自衛隊の参加のもとに行われ、野焼きは、約400人で行う。

平尾台には、草原が広がっている。地元の人は、ススキのことを昔から「尾花（おばな）」といい、そのオバナ、ネザサ、オガルカヤ、メガルカヤなどの草本が台地を覆っている。

昭和52（1977）年3月25日に、定例の野焼きのときに思いがけない大事故が起こった。

その事故は平尾台の北側にある貫谷で発生した。地形は、貫山から北北東に広いU字形をしたなだらかに北に開いた貫谷であったが、この谷のススキ草原は、背丈が高く2mを越える草原で風は谷の下から上方の峠に向かって吹き上げ、かなり強い風が吹く。当時の風の向きはわからないが、ススキ草原のなかで活動している人影は、遠目ではわかりにくい状況だったと予想される。そんななかでの、事故であった。「殉職したのは消防職員の司令長尾形宏氏、司令河野慶太郎氏、司令補福田安種氏、木本善之氏、有畑泰博氏の5氏でした。火災防御に従事し殉職した消防職員の御霊の冥福を祈る」。野焼き事故の殉職者碑が、昭和52（1977）年9月23日に建立されていて、谷

トレイルランニングのランナー

を見下ろしている。

その後、野焼きは平成5（1993）年まで途絶えた。途絶えた野焼きで植物のクズが繁茂して草原は歩きにくくなり、山火事が発生するようになった。野焼きが再開されたのは、壹岐尾政智さんや前田康典さんらの地元住民からの要望が大きかった。前田さんは、野焼きの朝は慰霊碑に必ずお参りをし、野焼きの安全を祈願している。

■トレイルランニングレース

平成22（2010）年4月18日に平尾台トレイル40kmの北九州・平尾台トレイルランニングレースの第1回大会が開催された。大会は、毎年4月の第3日曜日に行われる。国定公園平尾台は、国の天然記念物に指定されており、絶滅危惧植物も多く、そんな中を走行するトレイルランニングレースなので最初からガイドラインを制定した。レースによる環境に対するインパクト調査である環境評価調査を行い、人数制限をした。

参加者の人数制限をしていなければ、人気のあるトレイルランニングの参加者は、とてつもなく増加して、環境に対するインパクトは増大するだろう。クロスカントリーレースは、トレイルランニングレースよりも前から、毎年3月の第3日曜日に平尾台で行われている。平尾台クロスカント

リーレースのコースもトレイルランニングレースのコースと重複するので、同じようなインパクト調査である環境評価調査を、大会事務局の協力なしで行うことにした。しかし、参加者の人数の制限は、まだされていない。

■平尾台土壌環境調査の用具

トレイルランニングレースで環境調査に使用している器具類は、競技時間内に、移動しながら、多くのデータを、短時間で計測する必要があるので、下記の器具類を使用している。

山中式土壌硬度計・デジタル土壌酸度pH計・温度湿度計・パーソナルコンピュータ・起電式土壌酸度計・土壌温度計・温度湿度計付き電波時計・電卓など。

■外来植物の伐採除去後の七不思議

興農会や平尾台町内会などから、平尾台に外来の植物が繁茂しているので除去して欲しいとの要望があり、福岡県と北九州市の許可を得て除去した。その結果、おもしろい現象が見つかったので記入しておく。

1. 伐採跡地に、天然のヤマザクラが多数発芽してきた。その数は53本で、自然状態で発芽生育してきた伐採跡地の微地形に沿って、発芽生育してきた。生育してきた自然のヤマザクラの、発芽の原因究明が必要である。

2. 伐採跡地に、川岸段丘様式の段差が6段見つかった。

伐採跡地は全体としては谷地形で、微地形はその谷を削る流水によって形成された。谷地形を形成した微地形の、詳細な調査が必要である。また、地表の微地の調査と、周辺にある石灰岩の溶食形態（ノッチ）の調査を行いたい。

地表の微地と石灰岩の溶食形態は関連しているようだ。

■学校

戦時中、平尾台に「新道寺国民学校の平尾分校」として発足した。

現在の地に落ち着いたのは、戦後になってからである。凹凸のある平尾台で、校地を求めるのは大変で、平尾町内の人がモッコとクワを持って整地してなだらかにした。校舎を建てたものの校舎の廊下は階段状になっている。しかし、グラウンドは平らでないと困る。ドリーネを埋めて広いグラウンドを造った。

旧校舎の玄関前のグラウンドで、朝のラジオ体操をしていて先生がジャンプをした後、生徒が「ア！　先生が居ない？」と騒ぎだした。なんと先生の足下に穴が開いていて、胸まで穴に埋まっているではないか。穴の開いたところは、もともとドリーネだった。

小学校の規模より大きい体育館などを造った。地元の町内会の方々はじめ、地元選出の市議会議員の山家節夫さんなどが、小倉市の教育委員会にお願いして造った。雨天時の運動や学校の各種集

平尾台土壌環境調査の用具

会、地元の町内会の運動会など各方面で利用され
てきた。学校1つを造るのに、地元の平尾台の町
内会の皆さんをはじめ、各方面の方々の努力が
あった。

学校創立100年の記念碑を体育館横に建てたの
は昭和56（1981）年3月だった。学校の場所が
いろいろと変わり、やっと平尾台の本村の外れに
校舎ができ、平尾台の人たちが皆通った小学校が
閉校したのが平成20（2008）年。分校が閉校し
たのは、平尾台集落の人口が減少したためであ
る。閉校した北九州市立新道寺小学校の平尾分校
の後には、私立の小学校が誕生した。

平尾台に詳しいということで私曾塚孝を校長、
理事長として、平成20（2008）年4月に「平尾
台四季の丘小学校」が開校した。原動力になった
のは、平尾台に住んでいる吉野了爾さんの存在
だった。吉野さんは堀真一郎さんが、和歌山県橋
本市彦谷で経営する学校法人「きのくに子どもの
村学園」に学校訪問をして、その運営方法に惚れ
込んで平尾台にも造りたいということで、創立し
た。

平尾台四季の丘小学校の名前で開校したが、現
在は堀さんが運営する「学校法人きのくに子ども
の村学園九州自然学園・北九州子どもの村小学
校」と、名前が変わった。平尾台の町内会長の前
田康典さんや、本村の壹岐尾政智さんなどに学校
の創立から、中学校ができた今でも大変なご援助
をいただいている。

開校時は生徒数11名で、その後「北九州子ど
もの村小学校」に念願の中学校が誕生し、北九州
に因んで「九周年行事」を、少しはやめの平成
28（2016）年11月に行った。平成26（2014）
年度末で生徒数が88人になり、開校当時小学校1
年だった生徒が約9年経って、平成28（2016）
年春中学校を卒業した。

「なんでも皆で話し合った」「プロジェクトが

楽しかった」「旅行が楽しかった」「自分自身で
解決しました」という卒業生の言葉があり、一般
的に難関校の高専や高校にも進学した。

学校法人きのくに子どもの村学園は、和歌山県
で誕生した私立学校で、名前の長さではどこにも
負けない。

また戦後、天然記念物平尾台（昭和27年2月
23日・国指定・広さ32haの日本でも有数なカル
スト地形）、天然記念物の青龍窟（昭和37年1月
26日国指定・洞窟内の河川は何段もの顕著な曲
流現象が見られ階段構造をしている）、北九州国
定公園（昭和47年10月16日・国指定・地域は平尾
台・足立山系・福知山系を含む824ha）、県立公
園なども制定された。

本村の西外れにある小学校の西側では、本村を
囲むように、引き揚げてきた方々が居を構え、平
尾台は大変賑やかになり、平尾集落の全員で協力
して各行事を行っている。

生活に必要な水の問題、農作業の畑の灌漑用水
の管理（畑灌の問題）、村の祭り、運動会、野焼
き（昔は山焼きといった）とその前に作る20m
幅の防火帯の刈取り、道路の問題など平尾台の集
落で生じる日常の生活に欠かせないいろんなこと
を、皆で解決していったようである。

先日、畑灌が出ないといってユンボで掘ってい
た。聞いてみると、1か月前からパイプの破れを
捜しているとのことで、何でも、みんなで、協力
して、楽しく、賑やかに行っている。

平尾台自然観察センターの横には、公民館があ
る。町内の寄り合いに、冠婚葬祭に、雨の日の祭
りの会場に、盆踊りの会場に、いろいろと必要な
寄り合いや、町内の人のための各種の集会や、野
焼きのときの開会式・閉会式、春の桜の花見など
も公民館と、その横のグラウンドで行っていて、
また、駐車場にもなっている。今では、本村の人
も、帰ってきて軍隊の跡地で開拓を始めた人たち

も、皆同じような苦労をしたようである。

先日、公民館のその駐車場のなかに、立派な記念碑ができた。平尾町内の人たちが、戦後の苦労した人たちの心の拠り所と、将来の希望を願って皆で、記念碑を造ったのである。

■戦後の開発

戦後、一番先に形成されたのが、立派に舗装された登山道であった。

やっと、車が通る道が1本できた。その後の平尾台にとって、さまざまな改革を推し進める一大革命の原動力となった。公民館建設、スキー場設置計画、競馬場開設計画、宿泊や娯楽施設のマルワランドの設置、ヘリポートの計画、ラグビー場の計画などが立案された。北九州市に合併する前の小倉市は、平尾台の開発にいろいろ努力したようだ。しかし、この計画のなかで、工事が中断されたのはどれほどか。スキー場設置計画は降雪量が少なく、ケーブルもなく中断し、井出浦からのロープウエーは話だけで中断し、競馬場開設計画も話だけだった。平尾台観光ホテル横にクレー射撃場ができたが、ホテルはマルワランドが受け継いで宿泊施設になり、使用する水は、畑灌漑用水だった。宿泊施設は大学のラグビー部の合宿所として使ったが、十分な利用がなく中断した。

小倉市と平尾台の橋渡しをした人物が、旧小倉市の観光課にいた我有文雄さんであった。我有さんは、平尾台開発組合に関する件、平尾台鉱業権に関する件、最高裁判所判決の件、県道28号線の直方行橋道路に関する件、天然記念物「平尾台」に関する件、平尾台自然公園に関する件、竜巻で有名な藤田哲也さんと友人の戸田さんが学生時代に見つけた藤戸洞発見についての感謝状の件、鍾乳洞懸彰会の件、平尾台休憩舎の件などに関与された。

平尾台にできた公的機関は、公民館と平尾台観察センターの2つの施設で、最初から別物として建設されたようである。新道寺小学校の校長を勤めた横田直吉さんが、後に観察センターの管理人を勤め、昭和55（1980）年に退職した。横田さんは愛媛県の生まれで、小倉師範を卒業し、旧企救郡東谷第二尋常小学校を皮切りに、小学校の教師を勤め、新道寺小学校の校長を勤め、昭和31（1956）年に勇退。その後、平尾台観光センターの管理人を勤めたのである。

今では、公民館は、平尾町内の町内会長が管理し、管理人は順番に町民から選ばれている。平尾台観察センターは、建て替えられたときから福岡県下の観察センターとなったが、管理そのものは北九州市に委託されていて、今は公募制で管理人を選出している。

平尾村とのかかわり

■本村

地下を流れていた水が、再度地表に現れて流れ、また地下に潜り込んでしまうことがある。そんな水の動きが、カルスト台地では観察され、こ

カルスト台地

の現象を「帰り水」という。

平尾台にも帰り水現象が観察されている。帰り水に一番近いところに住んでいるのは「水上」姓で、その外側に「壹岐」姓の壹岐尾や壹岐村の人たちが居を構え、更にその西側に「森」姓の森山、森河原、森本などの人たちが住み着き、本村を形成した。

■入植者

戦後、引揚者は北九州市の各地に入植したが、旧小倉市では北方（きたがた）の軍の施設、若園（わかぞの）などに入植し、平尾台にも入植してきた。はじめは、とにかく軍の兵舎が空いていて住居として使えるので、そこで数年過ごして、少し落ち着いてから宅地の配分をして、各々住居をたてて居を構えた。

平尾台という広場があり、兵舎があり、軍隊用の水道があるということだった。電気は、軍隊が居るときからあった。昭和28（1953）年の台風のときに、田川や添田（そえだ）の炭鉱跡の家屋の材を、各家屋の建築材として使用した。平尾台の軍の連隊長の官舎が今の平尾台の学校の正門のすぐ横にある。入植者のバス・トイレ、保育園、保健室や集会所として使われ、いわゆる公民館的存在として使用されていた。

昭和35（1960）年か昭和36（1961）年頃、市の開拓行政の援助で建てられた公民館は、昔は婦人ホームと呼ばれていた。

その後、セメント会社が2,000万円、市が500万円を出し観察センターが建てられた。戦後の道路は、今の平尾台入口からなだらかな7合目までしかなく、あとは牛馬によって荷物を運ぶ急な細い道しかなかったので、住宅用資材を運ぶのにも大変だった。

最初農地は、底が平らで土地の肥えているド

石灰岩柱

リーネを使った。一時期、秋吉台でも行っていたドリーネ耕作である。しかし使えるドリーネは数少なく、全員に行き渡らないので石灰岩柱の間の平地を耕した。だが、眺める分にはすばらしい平尾台だが、石灰岩柱が多く点在していて、広い面積の農地は取れなかった。平尾台の入植は尾花畑（おはなばたけ）、広谷、芳ヶ谷、千仏谷、羊群原などで耕作できそうなところは、手当たり次第に開発した。平尾台特有の裸出カルスト台地が広く分布していて、石灰岩柱の林立が多く、農耕地になりにくく、草原にはネザサという竹が一面に生えていて、農地には不向きであった。農地にできるところを捜して、生えているネザサ刈りから始めたそうだ。

戦前の記録は、今の平尾台の集落を作る話などを、平尾台入植者から聞いてメモをしたもので、未整理の記録ではあるが、記述しておく。

■道路の問題

戦後一番先に、旧小倉市が平尾台に作ったのが道路だった。

昭和20（1945）年の終戦になるまで、人々も軍隊も平尾台に登るためのよい道はなかった。

本村の壹岐尾政智さんによれば、7合目までの山麓は、割りに傾斜が緩やかで、旧陸軍が登山道

を作っていた。その先の吹き上げ峠までは広い道はなく、先は傾斜が急で、細い登山道だけであった。

私曾塚が、小学校5年生時の昭和21（1946）年に、母ら10人ばかりで、戦後初めて平尾台に登ったときのことであった。「ハッパだ！」と声があがり、その後「ドドド、ドッカーン！」と音がした。ちょうど現在の平尾台の登山道路を造っているところだった。やっと、1本の道路が開通したのである。道路が拡幅、舗装されて緊急のときに使用できる道路が1本できたので、とりあえず一安心した。しかし、1本しかない道路では、まだまだ不安も残った。新しくできた登山道路は、傾斜が急なこともあって、よく崩壊し、通行禁止になっていた。どうしても別にもう1本欲しかったのだ。

2本目の道路が、平尾集落から内の蔵を通って行橋側に計画された。私のところにも相談があり、何点か計画道路の改善案を提案した。それは、道路面に降った雨水処理問題であった。道路の山側にある側溝の水を窪地に流すということだったが、平尾台では水を集めてドリーネなどの凹地に流すと、必ず陥没穴ができ、道路崩壊につながってしまうことを指摘し、道路作成計画を変更してもらった。2本目の道路については、新設後大きな道路補修は行っていない。

しかし、1本目の道路では何回も道路崩壊があり、通行止めになったりして、補修をしている。

平尾台には、住友セメントと自然の郷との間にある広場にヘリポートがある。

今では、野焼きのときなどで使用している。元々は1本しか道路がなかったときの緊急用の移動手段として計画されたものであった。現在は2本の道路とヘリポートがあるので、緊急時の交通網として使えるので、一応安心である。

■水の問題

平尾台は南北約6km、東西約2.5km、平坦な台地がなく、河川がない。

山口県のカルスト台地の秋吉台も同様に、河川がない。広大な台地に降った雨は、地表に河川を作らず、地下に浸透して、地下に河川や洞窟を形成している。地表を流れる水によって「ドリーネ」ができる。「ドリーネ」の底には、「ポノール」という水を吸い込む小さな吸い込み穴がある。「ドリーネ」に入ってくる水と、「ポノール」から地下に潜り込む水のバランスで「ドリーネ」に水が溜まることがある。牡鹿洞などではバランスがくずれてよく水没する。目白洞横に水溜まりがあり、中峠への道路工事で側溝の水が流れ込んで、ドリーネのポノールが土砂で埋まって池になったのである。

地下に潜り込んだ水が、一時的に地表に現れてくることがあるが、これを「帰り水」という。しかし、この「帰り水」も再び地下に流れ込み、一時的に地表を流れるのだ。このようにして、カルスト台地には河川や池はできにくい構造となっている。

平尾台の周囲は急な崖になっていて、平尾台には水道は通っておらず、河川や池を利用した生活用水はないので、地下河川の水などの天然の水

降雨時に水が溜まった牡鹿洞

を利用するしかない。戦後に平尾台の各所に入植してきて、人口が増えると、生活にも農作業にも水を使用すれば、まったく水が不足して、生活するのに苦労が耐えなかった。

戦時中に、平尾台に来た軍隊は、洞窟にある水を鉄管を設置して兵舎まで運んだ。利用するためには、洞窟の浅いところに、大量に溜まっている必要がある。こむそう穴のように、地下100mの深いところに多量の水があっても使えないため洞窟内の飲み水は、平尾台ではめったにないのである。牡鹿洞には水があり、戦後すぐの頃、牡鹿洞の入口近くまで水が溜まったことがあった。今でも、牡鹿窟内で「帰り水」現象が見られ、水を探していたセメント会社と共同利用をすることもある。しかし人家の近くを流れてくる地下水であり、戦後牧畜を行っていたときの牛馬の糞などで、汚染されている。

水に関する問題は、単に平尾台だけの問題ではなく、山口県の秋吉台のカルスト台地でも同じである。

平尾台の本村では、山神社横の「帰り水」を使っている。本村の生活用水だけなら間に合うが、人口が増えた段階では、耕作地用にも使うのには不十分である。軍隊が鉄管で引いた水を使っても、生活用水や農耕用の水、さらに平尾台の人口も増加に対しても水が足らず、本村の人たちも新たに入植してきた人も、カルスト台地では本当に大変な苦労をした。

平尾台集落から、茶ヶ床を通って中峠を越えると広谷に出る。広谷にはオオミズゴケやサワギキョウなどの寒冷時期の植物が生えていて、常に水が流れている。ここは広谷湿原と呼ばれている。広谷地域は、平尾石灰岩と花崗閃緑岩が入り交じり、地表水が花崗閃緑岩から流れ込んでいて、オオミズゴケが育つ湿原になっている。地下の岩石がモザイク状に入り組んでいるため、地表

の植物も石灰岩を好む植物と石灰岩を好まないヤマツツジやクリなどが生えている。

この地区の水は、産湯の水や末期の水として、等覚寺や谷地区が大事にしている水利権のある水なので平尾集落では使えない。平尾台の北に貫山があり、その横の大穴を通って井手浦に流れる水がある。大穴には鍾乳洞が数本あって、そこの水は井手浦の奥にある井手浦洞を通って井手浦に流れ出ている。井手浦の人が、かつてイネのスクモを大穴に流して井手浦洞から流れ出ることを調べた。

平尾集落の人々は、水を求めて井手浦の人と何回も何回も相談をしたそうである。井手浦の水を分けてもらい生活用水にした。

北九州高等学校理科部が、平尾台で洞窟調査を行っているときに、観察センター横の前田康典さんから「どこか洞窟のなかで、水はありませんか」とよく聞かれた。

■生活用水と畑灌漑用水

畑作が次第に順調になってダイコンの出荷が300本から560本と増加すると、出荷用の水が足りなくなってきた。平尾台の北側の大平山（587m）と貫山（711m）の間にある大穴（434m）と呼ばれるドリーネから鉄管を引いて、平尾集落の貯水槽まで水を運ぶことになった。

大平山北麓の井出浦地区の了解を取り、昭和31（1956）年に福岡県と市の補助によって畑の灌漑用水ができ、夏の乾燥期の水の不足を補った。配管については、目測とパイプを用いた水準器などで高度を測り、井出浦の大穴水源から平尾集落まで水を引いて、平尾台の生活用水と畑の灌漑用水に使用した。

平成27（2015）年の現在では、パイプからの水もれで、配管のやり直しを行っている。今で

は、平尾台の生活用水と農業用水は十分に賄えている。

大穴水源からの水以外に、中峠すぐ下の水源もパイプを引いて利用してる。牡鹿洞の最奥部に湧水がある。この水の水量は多いが、本村や開拓者などの人家の下などから流れてきているので、水質はよくない。フロートをつけて、水槽の水面から上の部分の水はセメント会社が使用している。

平尾台では昔、各所でウシなどの家畜の放牧をしていた関係で、地下水は大腸菌などで汚染されている場合が多く、生活用水として使用できない。また、農耕が少なくなって、水は余ってきている。現在、平尾台自然の郷ができたのに関連して、上下水道が完備したので、平尾台での生活用水は十分賄えている。平尾台にやって来た水は、平尾台の北麓にある井手浦の市の浄水場からの水が主体だった。今まで平尾台の天然水を飲んでいた人たちは、市の水よりも、天然の水の方がおいしいと言っていた。

溜め池も川もないカルスト台地には、水の問題は重要で、永年の問題であったが、互いに知恵を出しあって、無事解決している。

なお、水の問題、道路の問題などが解決し、固定電話も完備している。携帯電話について電柱のあるところではNTTの回線が使われている。かつては平尾台の場所によっては通話不可能なところもあった。今では各社の携帯電話が、通話できるようになりつつある。

■国定公園や県立公園などの制定秘話

北九州市戸畑区に、西日本鉱業倶楽部がある。そこを会場にして、学識経験者や平尾台地住民の代表者が集い、平尾台を文化財として指定するかセメント会社の開発をするかという審議をした。

最初、平尾台住民は文化財指定や国定公園指定には反対であったが、セメント鉱区に設定されると、農業だけでなく、現金収入のある仕事ができるようになるという条件で、鉱区に設定することに全員が賛成の印をついたそうだ。

行政は、今まで行ってきた農業政策、開拓行政には迷惑をかけないという説明のなかで、吹上峠やかがり火盆地などの階段状耕作地を行っていたが、農業政策には一切迷惑をかけないということで、国・県・市・地元と紳士協定のなかで平尾台住民は全員の押印をして、国定公園・天然記念物などの文化財指定に承諾することとなった。当時のセメント会社はいわきセメントであった。

原野の農業としての使用とそれに付随した道路補修はしてよいということで落着したそうだ。このとき出席した平尾台の住民代表は瀬来克二さんと上田寛さんで、会議後平尾台の公民館で平尾町内の人々に事情説明会が行われた。

■最高裁判所

戦時中から今の北九州市は、平尾台の石灰岩や田川地区の石炭を利用して、大きな産業革命が進められた。製鉄原料やセメント用として使われていた。

平尾台は、数社のセメント会社によって、セメントの鉱区が設定されている。セメント会社は、最初平尾台の石灰岩について、厚さはあまり厚くはなく、真ん中が上にふくらんだ形と考えていた。その後、ボーリング調査などによって石灰石の形状の詳細がわかってきた。

当時平尾台は、天然記念物平尾台や天然記念物の青龍窟、千仏鍾乳洞は国指定されていた。

戦後、セメント会社は仕事を継続、拡大することとなった。そんななかで、セメントの鉱区と天然記念物の線引きで争いになり、最後は最高裁判所において判決が出て、平尾台の集落の中心を通

平尾台開拓記念碑

戦後創設された平尾台太鼓

る県道28号線の東側は保護区、西側は開発区になった。その後、国定公園や県立公園などが制定された。

■開拓記念碑

　前にも述べたが、平尾台にも軍隊が居り大勢の入植者が入ったが、水がなかったため前から住んでいた本村の人たちと一緒になって大変苦労した。

　今では、昔のあの苦しい時代に、平尾集落の全員で畑灌のこと、道路のこと、飲み水のこと、野焼きのことなどを協力して行えたことに感謝し、今後の夢と希望を込めて平尾台公民館横の駐車場に開拓記念碑を皆で建立した。

　風の強い平尾台では、四方が見渡せる台地風の神様の祠を建て、毎年感謝の行事を行ってきた。各家の周りにスギノキなどを植えて屋敷林としたり、畑の境にお茶の木を植えて風を防いだりした。ただ、今ではスギノキが大きくなり過ぎて、畑が日陰になって困ると言っていた。

　時々平尾台に登ってきた私は、平尾台の生活をほんの少し垣間見て想像している。

■祭りと祈り

　カルスト台地で水の少ない平尾台では大火があったり、強い風が吹くので、各家で屋敷林を巡らした。

　平尾台の生活に欠かせない「帰り水」の近くにある「山神社」を中心に祭りが行われてきた。祭りのなかで古くから行われたのは、帰り水がある水神様の祭りであった。「水神様の祭り」、「風神様の祭り」、「敷地祓い」などの行事が行われ、「平尾台太鼓」が創立された。

　戦後、大きな道がない平尾台では、仏事が生じると大変であった。平尾台の下までは運べないので、平尾台の上で火葬にした。足場がよく、樹木があるところで火葬にしたこともあった。

■千仏鍾乳洞

　千仏鍾乳洞は、今の地主さんが前の地主さんから購入した。

　前の地主さんは、勝山村の村長の大石高平さんで、千仏鍾乳洞の周辺の壁面には石灰を掘った穴がたくさんある。

　消石灰にして畑に撒くための石灰を掘った穴がたくさんある。今の地主さんはかなり広い範囲の山を購入したが、洞窟の入口の鍾乳石はほとんど

土砂で埋まっていたため、鍾乳石の間をすり抜けて入洞していた。そこで、床を下げるように入口の土砂を取り除いて、天井からぶら下がっている鍾乳石がよく見えるようにした。

このとき取り除いた土砂のなかに、基盤岩の上に石灰岩が結合したものがある。基盤岩は千仏石と呼ばれていて、テチス海に堆積した岩石で、日本では三郡変成岩と呼ばれているものだ。石灰岩は、三郡変成岩の上に形成されたサンゴ礁が石灰岩になったものである。千仏鍾乳洞の入口にあった岩石は、2種類の岩石が接触している貴重な岩石標本である。千仏鍾乳洞周辺での野外観察で、2種類の岩石が接触しているのが観察される。

■東谷農協と興農会

東谷農業協同組合と西谷農業協同組合とが合併するときに興農会が誕生した。このときに、東谷農業協同組合の土地と西谷農業協同組合の土地などの平尾台の土地という財産は、農業協同組合の通常の業務と切り離して管理することになり、その管理者が東谷興農会であった。

この合併は後に、小倉農業協同組合、朽網農業協同組合とも合併して、北九州東部農業協同組合となり、さらに曽根農業協同組合も北九州東部農業協同組合に合併した。東谷農業協同組合と西谷農業協同組合と母原（もはら）、呼野（よぶの）、平尾などの興農会は平尾台の財産だけは、農業協同組合とは異なる東谷興農会（法人）を作って管理することになり、平尾台本村の壹岐尾政智さんは、長いこと東谷興農会（法人）と関連していた。

■北九州高等学校理科部と北九州ケイビングクラブ（KCC）

福岡県立北九州高等学校が創立されたのは、昭和41（1966）年4月で、3クラス生徒数158名だった。とりあえず、北九州市立思永中学校で入学式が行われ、校舎は現在の北九州市立小倉図書館の旧屋舎で、正門に学校名の碑文を掲げた。2年目になって、二期生が入学してきて、そこで生徒の部活動が制定されて「理科部」が誕生した。理科部の初年度は「理科教育振興法で購入した天体望遠鏡」が1台あったため、それを持って平尾台にあがっていって天体観測をした。昼間は暑いので近くの牡鹿洞に入って探検をした。牡鹿洞からは、昔の動物の骨が沢山出てきたのが報告されていた。このことが、理科部が平尾台とかかわりを持ったことのはじまりである。

理科部の卒業生などで、KCCを創部し、全国で初めて高校生が洞窟調査を行うようになった。

以下は理科部とKCCが平尾台と関わった項目のみを列記してみた。

- 最初は平尾台で天体観測を行った
- 次に平尾台の洞窟調査を行い洞窟のなかにあった動物の遺骨を調べた
- さらに平尾台の新しい洞窟を発見して名前をつけた（平尾洞、やくぼの穴、人参窪第二洞など）
- 人参窪第一洞で人骨を見つけた

千仏鍾乳洞洞窟内の水流

・青龍洞窟の曲流現象の調査した
・平尾台の石灰洞の成因などを調査した
・石灰岩礫岩のなかからフズリナ化石やサンゴ礁の化石を見つけた
・ナウマンゾウの幼獣の化石発掘と調査をした
・淡水産のストロマトライトを新発見した
・旧小倉の弾薬庫跡で魚類化石を新発見した
・北九州市立自然史歴史博物館（いのちのたび博物館）の新設に努力した
・ニホンオオカミの獣骨を3個体発見し博物館へ寄贈した
・旧山田弾薬庫跡で魚類化石や淡水産ストロマトライトを見つけた
・北九州―平尾台トレイルランニングレースの環境調査を行い、報告書を出した
・平尾台に生育した外来植物の伐採除去をした
などである

■小倉―田川構造線

　平尾台カルスト台地の西側斜面は、南北に切り立った断崖になっている。

　そこには、平尾台に沿って深く長い谷があり、およそ、距離20km以上の長さの谷構造で、ここには小倉―田川構造線という南北に走る断層構造線がある。

　平尾台の南端に龍ヶ鼻があり、その頂上部分にこぶ状の地形が、小倉側からでも田川側からでも見ることができる。小倉―田川構造線は何本かの断層がほぼ平行にあって、その1本の断層がこのこぶ状の地形を作った。

　小倉―田川構造線の南側に平尾台があり、北側に炭坑節で有名な香春岳の石灰岩体がある。周辺の地質図を見ると、東西で地質構造にずれが見られ、平尾台から見ると香春岳が左（南側）にずれていて、ずれ幅は約6kmも離れていた。

　こういった地形を、車で国道108号線を走りながら見ていると、地球の動きの大きさをあらためて体で感じることができる。

●参考文献

直良信夫：日本旧石器時代の研究、早稲田大学考古学研究室研究報告　第二冊、寧楽書房

藤本治義：北九州に於ける紡錘虫石灰岩の新産地、地質学雑誌　Vol.1　xi　11

福岡県小倉市（1952）：平尾台カルスト第1集

福岡県小倉市（1953）：平尾台カルスト第2集

太田喜久（1953）：北九州における後期中生界の地質学的研究　其の1、福岡県鞍手郡笠置山附近（いわゆる脇野地方）の中生界について、福岡学芸大学紀要　Vol.2

太田喜久（1955）：北九州における後期中生界の地質学的研究　其の2、小倉史道原一帯の中生界の層序と構造、福岡学芸大学紀要　Vol.5

太田喜久（1957）：北九州における後期中生界の地質学的研究　其の3、小倉及び八幡市南方の中生界について、福岡学芸大学紀要　Vol.7

松下久道・永井利明・金子宣弌（1969）：平尾台およびその周辺の地質構造（九州北部の地質構造の研究－その1）、九州大学理学部研究報告（地質）Vol.1

浦田英夫・小原浄之介・富田宰臣・三木孝・岡部実（1977）：北九州の活断層、北九州大学理学部研究報告（地質）Vol.12

横田直吉退職記念出版会編（1982）：平尾台の石灰洞、日本洞窟協会

渡辺満久（1989）：九州北部において新たにみいだされた活断層、活断層研究　7

高津茂樹（1996）：小倉東断層とその周辺地形、九州大学理学部地学惑星学科、活断層研究

黒曜石体験ミュージアム（2010）：黒曜石の原産地を探る　鷹山遺跡群、新泉社

田中利典（2014）：体を使って心を納める　修験道入門、集英社新書

松下久道（1949）：九州北部炭田の地質、九州鑛鉱山學會

土田耕造（1969）：石灰岩台地における推計について、石灰石121

土田耕造（1971）：平尾台のドリーネについて、石灰石131

文部科学省国立天文台（2010）：理科年表、丸善株式会社

日本生物学会編（2010）：自然再生ハンドブック、地人文書館

養父志乃夫（2002）：荒廃した里山を蘇らせる　自然生態修復工学入門、農文協

日本ペトロジー学会編（2007）：土壌を愛し、土壌を守る―日本の土壌、ペトロジー学会50周年の集大成―、博友社

第 2 章

平尾台の地史・台地の地形

赤道直下のテチス海という浅い海にサンゴ礁ができた。その後、プレートの移動で日本各地の石灰岩地のもとになった。秋吉台の石灰岩台地が一番よく研究されているが、平尾台は結晶質石灰岩になっているため研究が遅れた。高校の部活動などによってサンゴ礁性生物の研究、石灰岩洞窟の研究など、平尾台の動物相やカルスト台地の地形の調査などが行われた。

平尾台の歴史を編む

　平尾台カルスト台地の歴史の研究は、私の家の近くから始まった。そこは、北九州市小倉南区のど真ん中を南北に流れる紫川の中流域で、そばに嵐山という小山があり、川岸の道路があった。京都の嵐山の風景に似ているので、古くからこの小山を京都の嵐山にちなんで嵐山と呼んでいる。南方向には平尾台のカルスト台地があり、西側には山田緑地という丘陵地がある。

　この嵐山と紫川の間にある小道に、石灰岩礫が転がっていた。嵐山を造る岩体のなかにある石灰岩礫が崩壊して、麓の道に転がったのだ。そのなかに、フズリナの化石が見つかった。また、ここと同じような環境を紫川の流域で探すと、数箇所で石灰岩の礫のなかからフズリナが見つかった。

　嵐山横の道路の石灰岩礫のなかにフズリナがあることは、古生物学の教科書的な本「古生物学・朝倉書店（旧版）」のなかに藤本治義さんが記載されていて、その後、九州大学の鳥山隆三さんなどが調べたが、確認できなかったフズリナだった。私の発見は、幸運だったようである。

　機会を得て、勤め先の福岡県立北九州高等学校から1年間離れて、鳥山さんのところで、フズリナの研究をすることができた。その結果、平尾台の石灰岩の歴史をあらかた編むことができた。

　まず始めたのは、同じカルスト台地の秋吉台についてだった。ここは、鳥山さんがフズリナの研究と古生代の日本の様子の研究をされたところだ。アメリカでは、石油とフズリナに密接な関係があることで、盛んに研究されている分野である。

　フズリナは古生代の石炭紀やペルム紀の標準化石だ。広範囲に多量に分布しており、進化が早いので地質時代を細かく判断できる化石である。フズリナやサンゴなどによって、古生代の石炭紀やペルム紀の様子を考えてみよう。

　石炭紀やペルム紀の赤道周辺には、東西に長くて浅い海が広がっていて、そこはテチス海と呼ばれていた。サンゴ、フズリナ、アンモナイト、ワンソクガイ、コケムシ、ウミユリなどの動物が海

石灰岩中のフズリナ化石

石灰岩中のフズリナ化石

の岩石を覆い、暖かくて浅いサンゴ礁を形成していた。この広く浅いテチス海を作った海底の地形は、地向斜の地形といい、永年かけてゆっくりと海底がたわんでいった。この浅い海底に堆積したサンゴ礁は、後に移動して日本列島の太平洋側に付加体として分布する石灰岩となった。

それらの石灰岩は、九州の平尾台、四国の四国カルスト、中国地方の秋吉台、阿哲台などだ。石灰岩をとり巻く地層はデボン紀からペルム紀の4〜3.5億年前のもので、その一部は広域変成作用を受けて、変成岩へと変わっている。

日本の骨組みは主に、三郡変成岩と三波川変成岩の二種類であった。九州から関西にかけて分布しているのが三郡変成岩である。日本の変成岩のうち、この三郡変成岩は高圧型変成岩で、地下の非常に深いところで比較的低温で変成作用がおこって、三畳紀を中心にできたものだった。

この三郡変成岩は、赤道直下の地向斜にできたテチス海で緩やかに堆積した岩石だった。その後、比較的低温のもとで変成作用を受けた後に地表に現れてきた。

中世代は、通常恐竜時代と呼ばれている。平尾台がある北部九州は大変動した時代であった。北部九州は陸化していて、平尾台はすでに台地状になっており、福岡県の中央部の田川地区から山口県の日本海にある萩市にかけて、琵琶湖より巨大な淡水湖が広がっていて、古脇野湖と呼ばれた。そんな巨大な湖が大陸にかけていくつも分布していた。この淡水の古脇野湖には、多くの生物が棲んでいた。

片手の上に乗る位の大きさのディプロミスタスと呼ばれる魚種、両手に乗る大きさの魚やカメの仲間、二枚の殻をもった小さなエステリア（貝エビ）、淡水のストロマトライト、巻き貝、二枚貝が生息しており、岸辺には恐竜も遊んでいた。

私が勤めていた県立北九州高等学校の理科部の

淡水産藍藻類化石の新属新種のストロマトライト

学生やそのOBたちと、山田緑地と呼ばれている中生代の丘陵地で化石を探して回った。そのときにいろんな化石を見つけた。

サンゴ礁のなかのフズリナは、紡錘虫と呼ばれる麦や米粒大の小さな動物で、進化が早く、石炭紀やペルム紀の標準化石である。標準化石というのは、時代を細かく決定することができる化石のこと。

赤道直下にあったテチス海のサンゴ礁は、明治45（1912）年にA.ウェゲナーが提唱した大陸移動説の動きで現在の場所まで移動してきた。サンゴ礁はプレートに乗って日本にやって来て、付加体として結合した。

日本の太平洋岸側にある半分の岩帯は、こうして中世代以降に結合した付加体である。そのなかにある石灰岩の塊は、南方から運ばれてきた元サンゴ礁の石灰岩だった。付加体は、太平洋プレートの年10cmの動きで日本にやって来た。日本の太平洋岸側の岩帯は、地質構造が縞模様になっている。四国の中央構造線以南や九州の阿蘇山以南の縞模様の地質構造は、中世代中半以降の太平洋プレートによって運ばれてきた付加体である。

平尾台のある福岡県では、日本の骨格である三郡変成岩の千仏石などや呼野古生層の岩帯、南方からやってきたサンゴ礁性の石灰岩が、古生代から中世代にかけての付加体である。平尾台の国の

天然記念物の千仏鍾乳洞の周辺の岩石には、千仏石岩帯とサンゴ礁性の石灰岩が隣り合って接触している様子を観察することができる。

平尾台とその周辺の石灰岩塊は、東側から門司の恒見、小倉の平尾台、田川の香春岳や岩屋、飯塚の船尾山と断続的に分布している。

地質学的な最初の報告は昭和4（1929）年に金尾宗平の地質学雑誌「豊前平尾台のカルスト臺地」だ。これによると「全体に西に高く東に向かって緩傾斜し、長軸方向の向斜構造をなす」とされている。平尾台カルスト地形、千仏鍾乳洞、青龍窟は国の天然記念物に、平尾台は北九州国定公園と福岡県自然公園に指定されていて、日本でも代表的なカルスト台地である。

平尾台の石灰岩は長軸が北北東〜南南西に約6km、長軸に直交する短軸が1.5〜3kmのほぼ長円形の範囲に分布し最高点は龍ヶ鼻の681m、中央部の平尾台ポリエは360mで、平尾台の周辺は北側以外は急崖で、西側は約300m、南東側は250mの急斜面。台上は龍ヶ鼻台、馬の背台、千草台など6つの平坦面がある台地をなしている。龍ヶ鼻西端は"御船"と呼ばれる階段状と地溝状の地形があり、小倉−田川構造線に関連する南北性の断層によるものと推定されている。中央部の平尾台ポリエより北側は裸出カルストで、羊群原と呼ばれ石灰岩特有の地形のドリーネ、石灰岩柱、石灰洞などがあるカレンフェルトが広がり保護区となっている。南側は被覆カルストで龍ヶ鼻台には階段状の平坦面とドリーネが分布し、開発区になっている。

台の東側には平尾台石灰岩層の構造的下部に相当する三郡変成岩（田川変成岩）が、西側は呼野層群が、北側は貫山を形成する中生界の平尾花崗閃緑岩が分布している。

平尾台の石灰岩は礫岩などにより、東北東−西南西方向の褶曲軸を持つ向斜構造で、4層に分け

られている。平尾台の石灰岩は、中生代白亜紀の終わり頃に平尾花崗閃緑岩に由来する長短の貫入岩が南北方向に何本もあり、平尾台石灰岩層は熱変成をうけ1〜10mm大の結晶をもつ結晶質石灰岩になっていた。そのため石灰岩形成当時の化石は産しない。平尾台西側の石灰岩礫から、次の化石が産した。市丸（いちまる）の結晶質石灰岩から単体サンゴ化石、平尾台石灰岩と同時代の形成と考えられている。香春岳北側の長行の石灰岩礫岩からNeoschwagerina化石、平尾台の西側に広く分布する中生代の脇野亜層群の基底礫岩の石灰岩礫からフズリナ化石が産し、いずれも古生代ペルム紀の岩体から供給されたものであった。カルスト地形の特徴を示すドリーネは、ほぼ直線状に配列している。鍾乳洞や地下水系もドリーネの配列や断層に関連していて、地下水系は地表の分水嶺と無関係に形成されている。

平尾台には百数十本以上の鍾乳洞があり、縦穴が多く100mを超すのもある。横穴では千仏鍾乳洞、目白洞、牡鹿洞の観光洞があり、洞内の堆積物中から第四紀の動物化石や獣骨が産する。

みどころは、半花崗岩の貫入状況や礫岩層の分布状況、平尾台の石灰岩とその下位の田川変成岩との関係、阿蘇山に由来する灰石層の分布などである。

■平尾台登山道

東谷地域は南北に細長い低地で呼野地溝帯にあり、沖積層で覆われた2段の段丘が認められる。この段丘を切るように小倉東断層の南端がJR日田彦山線のすぐ西側に見られ、南方に見える平尾台龍ヶ鼻の西端に小倉−田川構造線の一部の南北方向の断層で形成された"御船"を望むことができる（小倉−田川構造線の項・P38参照）。呼野地溝帯を北流する東谷川（ひがしたにがわ）そば

で、江戸時代に呼野金と呼ばれる砂金が産出した。金辺峠近くの接触交代鉱床に、由来するものである。

登山道の5合目付近までは脇野層群の中部層が分布し、一般に北傾斜で北側に下位があり逆転しているようだ。登山道の右手の市丸には、チャート、珪質千枚岩起源の軟珪石鉱床の採石場があり、セメント原料として採石している。さらにのぼると、右手に軟珪石採石場跡があり、平尾台の石灰岩と接しているのが観察される。右手に石灰岩採石場のグローリーホールが見えてくる。壁面には垂直方向に貫入岩が溝状に見え貫入の様子がよくわかる。昭和42（1967）年からは階段状のベンチカット方式に変わっている。登山道の切り割りのほとんどは、セメントが吹きつけられている。

■吹上峠

吹上峠は地形的にガスがかかりやすく、晴天なら左手に大平（おおへら）山とその中腹に広がる典型的な裸出カルストを望むことができる。また、森林で覆われた平尾台ウバーレでは灰石層の堆積や新しい陥没穴、帰り水現象が見られ、ぜひ立ち寄って観察したいところである。裸出カルストについては、茶ヶ床の項（P30）を参照してほしい。

平尾台ウバーレはたくさんのドリーネが連なって不定形な凹地をなしたもので、中央の平尾台神社そばのドリーネ内には、降りる坂道の途中に水源が見られる。水源に白く厚く堆積した灰石層がある。この灰石層を水洗いすると角閃石、輝石、火山ガラスなどが見られる。これは阿蘇山が大爆発してカルデラができたときの阿蘇4の火砕流である。灰石層は平尾台全体に分布しているので、道路横の崖などで観察してみてほしい。灰石は平尾台ウバーレには厚く堆積していて、その範囲は

石灰岩の影響が少なく、石灰質を嫌う植物群落が形成されている。

新しい陥没穴は吹上峠周辺のドリーネ内、牡鹿洞横のドリーネ、平尾台ウバーレ内の畑のなかに形成されている。特に元新道寺小学校平尾分校の東側の竹やぶのなかでは、新しい陥没穴が盛んに形成されていて、陥没穴の並んでいる方向は北－南方向と北西－南西方向の2つがあり、北－南方向の配列は600mほど追跡できる。陥没穴は地下に空洞があり、地表部分が落ち込んで形成される。ドリーネの発達状況や陥没穴の分布状況から、地下の空洞や水系の発達の様子がうかがえる。砕石場の排水や道路排水などの人為的な要因が、陥没穴の形成や地下水系に影響を与えているようだ。

■川ドリーネ

平尾台バス停横の平尾台センターには、平尾台に関する資料が展示されている。平尾台センターの東には川ドリーネがある。川ドリーネは、カルスト台地の代表的な地形であるドリーネが直線状に連なったもので、ウバーレの形態をしているものだ。この周辺の灰石層は流出していて、平尾台ウバーレよりずいぶん薄くなっていて、石灰岩の露頭が見られる。

ドリーネの底には牡鹿洞やばくち穴、中腹には竪穴形式のこむそう穴が形成されている。牡鹿洞はドリーネ底に開口する竪穴で、下に曲流する横穴があり、ナウマンゾウの臼歯やサルの頭骨など多数産した。

平尾台センターから篝火（かがりび）盆地までにいたる道の両側には、礫岩層がある。熱変成を受けており、礫岩層は石灰岩礫、凝灰質岩、粘土で構成されていてこれを鍵層として平尾台の石灰岩の走向を推定することができる。それによると

4層に分けられ、東北東－西南西方向の褶曲軸があることがわかる。平尾台の石灰岩は熱変成を受けて結晶質になっているため、地層は見分けにくくなっている。

■茶ヶ床と芳ヶ谷

大平山の麓の吹き上げ峠から中峠にかけては、裸出カルストが広がっている。茶ヶ床からはカレンフェルドの広がる裸出カルストがよく見え、石灰岩の溶食地形の各種の形態が観察され、シャッターチャンスの場所である。また、芳ヶ谷では芳ヶ谷第一洞と芳ヶ谷川との河川争奪現象が見られる。

石灰岩の露出が多く、白色で、頂上部分が丸くなっていて、丁度羊が群れ遊んでいるように見えることから羊群原と呼ばれている。

石灰岩の表面は雨水などによる溶解作用で、凸地形ができていて、これをカレンという。残った凹地形の石灰岩にドリーネができる。カレンフェルドはカレンのある原野の意味だ。カレンよりピナクルが目立つ。ピナクルの表面には溝幅数cmの条溝カレンや幅、深さ、長さともに1cm以下の微小カレン、それに溶食溝、溶食皿、溶食ノッチ、溶食管、流痕などの溶食の微細な形態が観察できる。

また、茶ヶ床周辺には貫入岩が地表に多数分布していて、石灰岩の結晶は比較的大きく、ピナクルの頂上部分では結晶粒子が風化によって脱落しやすくなっている。よって形が円形になって、遠くから見ると羊に見えるのだ。茶ヶ床周辺には深窪、上穴、下穴、そうけ窪などのドリーネや、地下には目白洞や水源の穴などの鍾乳洞が形成されていて、ここもシャッターチャンスの場所となっている。

芳ヶ谷第一洞は鍾乳洞が形成された後、芳ヶ谷を流れる水で下刻作用が進み、芳ヶ谷第一洞への流入量が減少して、洞壁は外側から浸食を受けている。ここでは芳ヶ谷第一洞と芳ヶ谷川との河川争奪現象が見られる。また、芳ヶ谷第二洞には洞口から90m地点に約10mの滝が2段あり、遷急点にある滝の後退現象が観察できる。芳ヶ谷の地表水は芳ヶ谷第二洞で地下を流れ、千仏鍾乳洞へと流れているが、第二洞から千仏鍾乳洞へは人は通ることができない。

■中峠・広谷

カルスト地形には川や池はごくまれだが、広谷には湿地がある。中峠や広谷周辺には、花崗岩や貫入岩が分布し、貫入岩を切る断層がある。石灰岩が分布しているところにはドリーネがある。花

青龍窟・洞口部分

目白洞

崗岩や石灰岩の分布の様子と地表地形との関係を考える格好の場所である。

古生代の終わりの時期に、平尾台石灰岩層が形成された。中生代の終わりに平尾花崗閃緑岩や半花崗岩が形成され、そのとき多数の岩脈が石灰岩を貫き、石灰岩は熱変成を受けた。

代表的な貫入岩として中峠の"鬼の兵古干し""鬼の洗濯板"、滝不動ドリーネに"鬼の唐手岩"があり、厚さは不規則で、石灰岩の割れ目に沿って流動的に貫入している。岩質は酸性の半花崗岩（アプライト）で、北から南方向に貫入し、傾斜は垂直方向や水平方向など様々である。"鬼の唐手岩"は、東西方向の右ずれ断層によって約80m動き、それに沿った状態で"滝不動ドリーネ"と鍾乳洞（青龍窟）が形成されている。

花崗岩地域から広谷に流れ込む水は、1本は広谷の穴を通り、"鬼の唐手岩"の下で地下の滝となり青龍窟へ流れ込んでいる。他の1本は広谷湿地を潤し、滝不動ドリーネを経て青龍窟へ流れこんで、洞窟群を形成している。広谷湿地は、薄い泥炭層の下に厚い灰石層が堆積していて、その下位に厚い砂礫層があることがボーリングでわかっている。

ここの灰石層も阿蘇4の火砕流で、地下への水の浸透を防ぐ不透水となっていて、広谷の湿地が形成されている。泥炭層からは過去の寒冷時期を示すミツガシワなどが、花粉分析で見つかっている。

■青龍窟・目白洞の曲流現象

平尾台の地下にはいくつかの地下水系があり、鍾乳洞は地下水によって長時間かかって形成された。地下に流入する水量の変化は、氷河期・間氷期、地表地形の変化などによって変わり、水量の変化は、石灰洞の発達段階（侵食輪廻）、曲流現象や階層構造の形成、鍾乳石や石筍などの二次生成物の形成と深く関係している。鍾乳洞では岩石・地質・貫入岩・断層、地表地形の長期間の変化などを考えながら観察するのに適している。

天然記念物の青龍窟と千仏鍾乳洞は横穴式の鍾乳洞で、他に目白洞・牡鹿洞などがある。いずれも地下河川による河食地形がよく残っていて、曲流現象や階層構造が見られ、地表の分水嶺とは無関係に地下水系が形成されている。石灰洞は地下を流れている水によって侵食されて、下方へ下方へと形成され、現在の水流は最下部を流れている。谷の深さを増大させる下方侵食（下刻）と谷幅を拡大する側方侵食（側刻）によって石灰洞が形成され、地下水面や水量が安定している期間には下方侵食より側方侵食が強くなり、谷底が広がり洞窟は水平方向に形成される。下方侵食が盛んになると、洞床が削られて旧流路の下方に新しい流路が形成される。形成される流路は真下にできたり、交差したりする。

洞窟が横に広がる期間と下方に広がる期間が繰

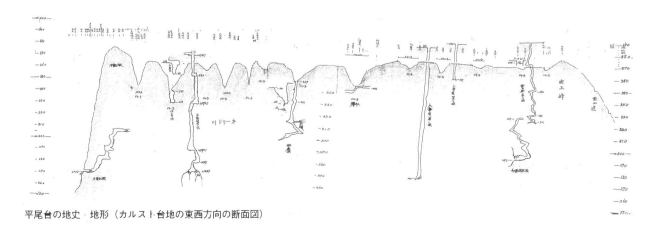

平尾台の地史・地形（カルスト台地の東西方向の断面図）

り返されて、階層構造のある洞窟ができる。階層構造は青龍窟や千仏鍾乳洞に顕著で、青龍窟では高度差約55mの間に18の階層が数えられる。

平尾台では側方侵食が盛んなときに水は蛇行（曲流）して流れ、蛇行は平尾台の石灰岩のように均質な大理石の場合は顕著に見られる。曲流現象は青龍窟や千仏鍾乳洞で顕著に見られ、小規模だが目白洞・牡鹿洞でも見られる。青龍窟内には、現在の水流の上方16m地点に灰石層が堆積している。灰石層は炭素の同位元素の測定や構成する鉱物から、阿蘇4の火砕流であることがわかった。火砕流が地表から流れ込んで青龍窟を埋めた後に、下刻作用で現在の水流まで掘り下げられた。埋まってからの時間と高度差から下刻作用の速度を計算すると1年間に0.19〜0.21mmになった。この洞窟は平均して10年に2mmの速さで下方へと形成されているのである。

目白洞の主洞の奥は巨礫の崩落で埋まっているが、岩陰を進むと平尾台の鍾乳洞のなかでは最大の滝にたどり着く。洞が複雑な構造をしているので、本格的な装備でないとたどり着けない。

■千仏鍾乳洞周辺

ここでは、平尾台石灰岩層と下位の変成岩との接触部分、千仏谷の下刻作用と千仏鍾乳洞の洞口

千仏鍾乳洞の洞口の鍾乳石

の後退現象が見られる。

篝火（かがりび）盆地から千仏谷へ下って行くと駐車場に着く。駐車場から千仏鍾乳洞へ150mばかりのところで、石灰岩と田川変成岩との接触部分が見られる。田川変成岩は三郡変成岩の一部で、ローカルに田川変成岩と呼ばれている。

田川変成岩と平尾台石灰岩層との関係は整合説と断層説がある。福岡県内の三郡変成岩のどの層に田川変成岩が対比されるかということが1つの決め手となる。田川変成岩の源岩が堆積した時期と平尾台の石灰岩が形成された時期に、時間的な空間があるかどうかということだ。

千仏鍾乳洞の洞口から湧出する水は、昭和4（1929）年頃は高さ150mを斜めに数段を落ちる千仏瀑であったという記録がある。千仏鍾乳洞の売店の床の間には田川変成岩が露出している。昔は千仏鍾乳洞周辺は、焼いて畑にまくための石灰の採石場だった。千仏鍾乳洞の洞口は、はじめは境界部分にあったが、その後千仏谷が深く広くなったり、採石の結果、田川変成岩が削られて洞口と田川変成岩とは離れ、滝はなくなったのである。

■第四期動物化石・獣骨

平尾台には百数十本以上の鍾乳洞があり、竪穴が多く、ポノール状の小規模のものから100mを超すものまであり、横穴では千仏鍾乳洞、目白洞、牡鹿洞、芳ヶ谷第二洞、不動洞、井出浦洞などがある。洞内の堆積物のなかから、第四紀の動物化石・獣骨が産し、牡鹿洞はシカの化石が産したことから命名された。

青龍窟からはモウコノウマ、トウヨウゾウの若い臼歯、ナウマンゾウは1cm大の牙がついた1歳前後の頭骨、ニホンムカシシカ、牡鹿洞ではナウマンゾウの臼歯やサルの頭骨、セメント会社の採

石場からはトラの歯が産した。目白洞ではオオツノジカやナウマンゾウなどが産している。平尾台の北方の恒見の石灰岩からはマツガエサイなどの動物群が知られている。台上で生活していた動物が、転落したり洞窟内に流入した土砂と共に運ばれて堆積したものである。これらの動物から、昔の動物相を復元したり、数十万年前のアジア大陸との関連を推測することができる。縄文や弥生時代の遺跡から、平尾台は狩猟場になっていたようだ。なお、産出する動物化石は貴重なものなので、むやみに移動させないでいただきたい。

曾塚が予備調査のときに採集した、古脇野湖に住んでいた魚の化石（中生代）スレンダータイプ標本

平尾台の地殻変動と生物の変化

　地球の誕生から現在までの永い期間に、地形、環境が変化した。それに伴って動物や植物が移動し進化した。その様子をかいつまんで調べて、平尾台の現在の動物と植物がどのように変化して、生活するようになったかを考えてみた。

　平尾台カルスト台地は、古生代の終わり頃のペルム紀に赤道直下のテチス海で、サンゴ礁として形成され、古生代末～中生代初頭にプレートの移動によって現在の位置する北緯30度まで移動してきた。そして次々とプレートの移動があり、プレートの上にあった島々や海底の堆積物が日本の太平洋岸に付加として結合した。西南日本の内帯に形成された付加体であった。

　その後、日本列島を含めたアジア大陸の日本列島側に、今の四国くらいの大きさの湖がいくつも形成され、その1つが「古脇野湖」という巨大な淡水湖で、平尾台や秋吉台はその東側に位置した。古脇野湖は、福岡県から山口県萩の日本海までの範囲に、形成された。この古脇野湖には、多くの魚が住んでいて、それを見つけたのがKCCで、北九州市立自然史・歴史博物館が新設される契機となった。その硬骨魚類化石は、現在の硬骨魚類の祖先系のスズキ科の魚類であった。

　花崗岩マグマが地下深くで形成され、それが今の貫山の花崗岩や福岡市の西側の背振山の花崗岩や中国地方のもとの花崗岩であった。地下にできた花崗岩は、その後、石の比重の関係で浮上して、地表に現われて現在の貫山などとなった。

　その後、中新世に入ると日本列島は大陸と離れて、大陸との間に日本海ができた。平尾台のすぐ西側に、何回も度重なる巨大な地震活動が生じ、小倉－田川構造線が形成され、平尾台と続いていて炭坑節で有名な香春岳が、平尾台から約6km離れた。

　新生代になると、北九州市とその周辺に内湾状の地形ができ、そこに石炭の元になったものが堆積し、小倉炭田や筑豊炭田が形成された。

　第四紀に入って九州の中央部、巨大な阿蘇山ができた。何回もの火山活動の末、約8万年前に大爆発し、そのときに火砕流が発生し、大きなカルデラができた。そのときの火砕流の1つが平尾台を覆いつくしてしまい、山口県の萩市方面まで流れていった。

第2章 平尾台の地史・台地の地形

 以上のように、いろいろな地殻変動が起こると、大気の流れが変わり、海流が変わる。そして、平尾台の周辺にも変化が生じると、寒冷な植物や大陸系の植物などの森林が変化し、草原が広がったり、または南方系の植物が繁茂するなどの変化をした。

 植物の種類が変わると、それに伴って動物も移動し、大陸と行き来したり、南北方向に動物が往来し、その結果、今の動物が住む環境になった。過去の地殻構造変化の様子をつかんだり、動物の化石や植物の花粉分析や植物の残存種を見つけると、過去の姿を編成することができる。

 上記のような変化を、わずかに残っている過去の名残から見つけ出し、それを1つずつ組立てたものである。まだ、十分なデータではないので、古地形・古気候や古環境・古生物を、十分に復元できていないが、以下は、平尾台の周辺の環境の変化を、自分なりに、かいつまんで列記してみたものである。

■サンゴ礁と平尾台の石灰岩

 石灰岩中の化石を調べることで、平尾台カルスト台地は、古生代の終わり頃に赤道直下で地層が緩くたわんだ地向斜という地形が形成されたと考えられる。そのとき赤道直下のテチス海という浅い海にサンゴ礁が形成された。

 これらは、日本各地の石灰岩中の化石を調べると、どの石灰岩も、ほぼ同じ誕生と経過のもとでできたということがわかる。

 福岡県の平尾台カルスト台地、山口県の秋吉台のカルスト台地、四国の四国カルスト台地、東北三陸海岸の石灰岩も、同じようなサンゴ礁の環境のもとで形成されたものに由来する。

 赤道直下の地向斜に形成された海は、テチス海と呼ばれ広くて浅い海であった。平尾台の東側に分布する千仏石は、三郡変成岩の仲間であり細長い溝状の地向斜に堆積した土砂が変成したもので、日本の古い岩石の1つと考えられている。

 北九州で一番古い岩石は、北九州市の北端にある梅花石を含む岩石で、呼野層群の一員である海百合という化石が含まれたものだ。梅花石は、「硯石」で有名な福岡県天然記念物で、硯の原石として使われた。海百合という化石と一緒に産する化石は、腕足類・頭足類・四放サンゴ類特にアンモナイト化石などの化石である。海百合という生物は、進化がごく遅いために、時代を決めにくい。共産する化石で、進化が早い化石であるアンモナイトが見つかったので、佐賀大学の西田民雄さんにお願いして調べてもらった。すると、古生代の石炭紀早期化石で、約3億5000万年前のものとわかった。

 平尾台の石灰岩は、平尾台周辺の石灰岩礫岩中のサンゴ化石・フズリナ化石から、私の調査によって、梅花石より少し新しい古生代の石炭紀からペルム紀（二畳紀）の約3億年前後のものとわかった。

 このことから、テチス海の地向斜に形成された堆積岩で、当時のサンゴ礁の生物であったフズリナ、サンゴ、コケムシなどが生息しており、そのサンゴ礁が中生代のプレートの移動によって、現在の位置にまで移動してきたことがわかった。

カルスト台地・裸出カルスト

平尾台の石灰岩が誕生したときの化石は、直接平尾台の石灰岩中の化石からではないが、当時のサンゴ礁の化石であることがわかった。しかし、細かい形は明瞭ではあるが、平尾台の各所の石灰岩から、おそらくこれはサンゴの塊だったのだろうと想像される化石の名残がいくつも見つかっている。

北九州高等学校理科部のOBのKCCは、幸いにしてこうした多くの手がかりを見つけた。

■青龍窟垂直断面測量図

中生代のサンゴ礁の移動は、海洋のプレートの移動であったことがわかっている。プレートは、地球の表面にできた岩板と呼ばれるもののことで、A.ウェゲナーによる地殻変動説で説明されている。プレートの移動速度は8cm／年とか10cm／年などと観測されており、プレートを移動させる原動力は、マントルの移動であることがわかった。

私が高校生のとき、木下道雄先生という物理の先生がいた。九州大学の物理学部を出て、母校の小倉高等学校に赴任した。木下先生は、私が3年生のときに地学の授業でA.ウェゲナーの1915年著書から大陸移動説、地殻変動の話をしてくれた。地殻が動くと、石炭紀までは単一の大陸だったものが、動いたのだと。アメリカ大陸とアフリカ大陸の形が、パズルの様に形が似ている。昔は両大陸はくっついていたのだろうと、また形だけでなく化石などについて地殻が動いたとの証明があるのだという考えを、かい摘んで話してくれた。ただし、あの大きな大陸を動かしたエネルギーは何だろう、地球物理学方面からの力学では、説明できないという話であった。

今では、大陸を動かしたエネルギーは、岩石から求められた磁極の位置の変化が測定されて、大陸が移動したことの証明になって、A.ウェゲナーの説が認められている。海洋拡大説やプレートテクトニクスなどによってさらに証明された。また、付加体理論でも説明されている。

インド亜大陸がアジア大陸に接触してしわがよってヒマラヤ山脈が形成されたのも、プレートの移動によるものだ。しわになったヒマラヤ山脈の山頂近くの岩のなかから、海の貝の化石が沢山見つかったと友人が見せてくれた。大きくゆっくりしたエネルギーで形成されたものである。

次々と、ゆっくりとしたプレートの移動によって、プレート上にあった島々が付加体として結合して、日本列島が形成されたことは、高等学校で使われている地図などでも説明されている。

地質図をみると、縞状の構造が、特に西南日本の太平洋側に見られる。付加体として結合したのが縞状の構造となったことなども説明されている。大変大きいエネルギーによって縞状の構造の付加体が形成されたり、日本列島になったりしたことなどがわかる。

その後、古脇野湖という巨大な淡水湖が、平尾台の西側にできたり、大陸と離れて日本海ができたりした。地球全体から考えると、割りに薄い地殻が硬いものにぶつかると、地殻に長いしわができる。アジア大陸にぶつかって、日本を載せたプレートに細長いしわができて、そこに水が溜まった地向斜地形が、日本やアジア大陸にできたのだろうと想像される地形がある。

あの、カルスト台地の平尾台についても、赤道直下から、今の位置までプレートによって運ばれてきたこと。

その石灰岩台地が、雨水や地下水で溶けて、平尾台の地表地形や地下地形となった。

その洞窟が、阿蘇山などの火山の噴火で、火砕流や火山灰によって、埋もれてしまい、その後の

降水や地下水によって、再び洞窟内の火砕流の堆積物などが洗い流されて、埋まる前よりも深い竪穴が形成されていったこと、などがわかった。

そこで、KCCは、平尾台の青龍窟に堆積した火砕流の状態を調べた。そして青龍窟に堆積した火砕流などが、再度流されて、さらに深くなった青龍窟の深さを調べた。

すると、約0.19～0.20mm／年の割合で青龍窟が下刻されていることがわかった。

その割合は、山口県の秋吉台の地表が、雨などによって溶かされて、山が低くなっていく割合とほぼ似ていることがわかった。

1日中洞窟のなかで、怪我もせず、洞窟の幅を一緒になって測ったKCC員の努力に敬服する。

■日本海

次々と、ゆっくりとしたプレートの移動で、プレート上にあった島々が日本の太平洋岸に付加体として結合して、縞状の構造が形成された。

高等学校で使われている地図帳の地質図をみると、縞状の構造が特に西南日本で見られる。大変大きいエネルギーによって、縞状の構造の付加体が形成されたことがわかる。

大陸の縁に形成した日本列島には、巨大な淡水湖が形成された。その1つが、平尾台の西側にできた「古脇野湖」であった。この古脇野湖には、淡水の魚類がたくさん生息していた。その化石を見つけたのは小学生で、小倉北区の旧山田弾薬庫近くで遊んでいるときに見つけ、その化石を北九州高等学校の理科部とKCCならわかるだろうと持ってきた。その化石は、ニシン科の硬骨魚類の祖先形のものであることがわかり、北九州市立自然史博物館の新設につながった。

アジア大陸の東岸に形成された日本列島は、後にアジア大陸と離れて日本列島と大陸の間に日本

青龍窟の下刻作用

青龍窟　　Seiryū-Kutsu　　（階層構造横断面図）

洞口標高　408m　　　　座標位置　L－5W
総延長　1525＋αm　　高度差　（60）m
分　類　流入、流出、曲線、集合型横穴
　1979.12.25～26　　北九州ケイビングクラブ
　1980. 1. 5～ 7　　北九州ケイビングクラブ
　1980. 3.22　　　　北九州ケイビングクラブ
　（数字は階層を示す）
製図　曽塚　孝

海が形成された。また、東北で発生した大地震と大津波も、地球の表面で発生した巨大エネルギーによるものである。

第2章　平尾台の地史・台地の地形

■プレートの移動速度

古生代末のサンゴ礁の移動は、海洋のプレートの移動によることがわかっている。地球の表面にできた地殻と呼ばれるプレートのことで、A.ウェゲナーによってとなえられた「大陸移動説」で説明されている。

プレートの移動速度は、8cm／年とか、10cm／年などと観測されている。現在では、移動速度の量はテレビのニュースなどでも紹介されることがある。太平洋の真ん中にあるハワイ列島は、プレートの移動で日本に近づいてきている。今の速度で移動すれば、ハワイ諸島が何年後に日本に到着するかを、計算することもできる。ハワイの乗っているプレートを動かしているのは、地下の火山活動によるものである。プレートを移動させる原動力は、地球表面の火山活動であることがわかっている。

平尾台カルスト台地は、古生代の終わり頃に、赤道直下のテチス海でサンゴ礁として形成されて、中生代にプレートの移動によって現在の位置にまで移動してきた。その後、次々とプレートの移動がおこり、プレート上の島々が日本の太平洋岸に付加として結合して縞状の構造ができた。

そして、古脇野湖という巨大な淡水湖が平尾台の西側にできたり、大陸と離れて日本海ができたりした。

また、花崗岩マグマが地下深くで形成されて、貫山ができたり、北九州市とその周辺で石炭のもとが堆積し、小倉炭田や筑豊炭田ができた。平尾台のすぐ西側に、小倉—田川構造線ができて、度重なる巨大な地震活動が生じ、平尾台と炭坑節で有名な香春岳が約6km離れたりした。

（古脇野湖）巻貝の化石　ブロティオプシス

■貫山

花崗岩マグマが、地下の深いところで固化し、花崗岩となった。より深部で生じた花崗岩マグマは周囲の岩石より比重が軽いために、周囲の岩石に押されて、浮上してきた。平尾台の北に接続する貫山や平尾台周辺の花崗岩体は、このようにして形成され、後の変化によって地表に露出するようになったものである。

福岡市の西にある背振山系、中国地方の花崗岩の山塊などの形成のメカニズムも同じようであった。

また、北九州市とその周辺の田川地域に、内湾状の浅い海ができて多くの植物が堆積して、それが石炭となり、小倉炭田や筑豊炭田ができた。

平尾台の北東に位置する昭和池は、平尾台のトレイルランニングレースの折り返し点である。昭和池には、地元の人によるエイドが設けられていて、餅つきをしたりしている。春は桜がきれいで、地元民だけでなく観光客のやってくる桜の名

所だ。

　昭和池の平尾台側に、花崗岩質の貫山がある。昭和池から見た貫山の山姿は富士山に似ていて"貫富士"と呼ばれ、近くに福岡県立小倉東高等学校があり、開校当時から貫山登山をしている。

　私は、貫富士についての解説を森信吾教頭先生に説明をした記憶がある。

■小倉－田川構造線

　平尾台のすぐ西側に、小倉－田川構造線ができて、度重なる巨大な地震が発生した。昔は、平尾台の南端にある龍ヶ鼻と、炭坑節で有名な香春岳が結合していた。それが小倉－田川構造線の誕生で、互いに断層面を境にして左にずれ、断層ができた。小倉－田川構造線は、約20km以上も続いて、離れたその距離は、地質図で調べるとおよそ6kmにもなることがわかった。この距離ならば一度だけではなく、何回も繰り返された地震で移動したのだろう。

　また、平尾台の南端の龍ヶ鼻の頂上付近にこぶ状の地形がある。足立山の東側のかつての小倉炭鉱周辺から、平尾台の西側をかすめ金辺峠から田川までの間の、細長い窪地状の10数kmの谷地形のなかにあるずれ断層で、三郡変成岩の分布もずれている。左横ずれ断層で、断層の西側が南にずれている。平尾台の南端の龍ヶ鼻と続いていた炭坑節で有名な香春岳が離れていった。

　その地とほぼ同じ場所に、小倉東活断層が右横ずれ関係で形成されている。

■小倉炭鉱

　北九州市小倉北区では戦時中に石炭を掘っていた。北九州市とその周辺で石炭のもとが堆積し小倉炭田や筑豊炭田ができた。私が小学生のとき、近くの大畑で石炭を掘っていた。質の悪いボタ（捨石）は、元競輪場跡の今の小倉ドームのところの湿地帯に埋めていた。足立山東麓の小倉球場周辺から、JR小倉駅の東側までの範囲の大畑周辺で石炭が掘られていた。

　「小倉炭鉱発掘記」（平成23年3月15日）や、「小倉市誌・続編」によると、井戸を掘っていたら燃える石が出てきたなどと記されていて、明治20（1887）年頃に開坑され、昭和40（1965）年4月30日に閉山したと記載されている。

■火砕流

　九州は昔、北半分の島と南半分の島に分かれていたようだ。

　巨大な阿蘇山が噴火して、中央部分がへこんで、大量の火砕流が地表を流れたり、火山灰が日本中を覆って、阿蘇の大きなカルデラができた。このときの火砕流の1本が平尾台方面にやって来て、火砕流が厚く堆積し、山口県の萩市まで流れて行った。

　火砕流は、温度が200℃以上で、流れる速さは新幹線より速いため、一抱えもあるような大木をなぎ倒しながら、川や池などの水にあうと高温のため沸騰して、さらに勢いを増して、熱い灰神楽は野を越えて山を越えて、阿蘇山から平尾台までやってきて、その先まで移動した。

　その当時、すでに形成されていた平尾台の青龍窟のなかにも火砕流は流れ込み、深さ100mもある青龍窟を埋めてしまった。今ある青龍窟は、中に溜まった火砕流が洗い出され、さらに深く水で彫り込まれた。これまでの時間と堀り込まれた深さを調べたら、彫り込む速さは0.19～0.20mm／年程であった。

　同様にして、平尾台の地表にある石灰岩の表面も、雨水で溶かされて山の高さが低くなっていっ

たと推定される。よって平尾台の吹上峠の現在海抜高度は350mだが、昔は今より100m以上も高く石灰岩が溶かされて低くなり、今の高さになったのだと推定される。

この現象と石灰岩が溶かされる割合は、山口県の秋吉台も同じだと、秋吉台の研究者の藤井厚志さんが言っていた。

○大陸と陸続きになる

気候が寒冷になって氷河期になると、九州島と大陸との間は浅くなった。いろんな人の研究から、今よりも100m低くなった（鈴木秀夫・1975）や140m低くなった（湊正雄・1980、井尻正二・1979）などの研究資料がある。

このときの海水面低下によって、日本は大陸と陸続きとなった。この陸続きになった橋を通っていろんな動物が移動してきた。

恐竜が絶滅して、天敵がいなくなった動物たちは、新生代のはじめから往来が起こった。氷河期がやって来て、陸続きも変わった。気候の変動もあり、気温が高くなったり低くなったりしたため植物も移動した。このようにして、動物も植物も次第に進化して、新生代の動物や植物が形成された。平尾台のある西南日本は、朝鮮半島からの移動と北海道などの北方からの移動、沖縄方面の南方からの移動が主な経路であるが、この3本とも存在するとは限らない。

平尾台や九州・山口は、このようにして移動してきたものだろう。

新生代第四紀の78万年前から1万年前までの更新の時代は、ヤベオオツノジカ、トラ、ニッポンサイなどの大型動物が現れ、それにタイリクオオカミも加わる。

ヤベオオツノジカ、ナウマンゾウ、ステゴドンゾウそれに、マツガエサイ、モウコノウマなどは平尾台からもKCCによって発掘された。

200万年前頃から日本に渡ってきた氷河期の動物群は、ニホンザル、タヌキ、キツネ、ツキノワグマなどの現在の動物たちに変わる。平尾台からはニホンザル、タヌキ、アナグマ、ニホンシカ、ニホンオオカミなどの仲間が出土している。

現在、北海道に生息するヒグマとは、本州と九州にいたツキノワグマが住み分けている。

群馬県立自然史博物館の長谷川善和館長は、ニホンオオカミの調査も行っている。先日九州の人吉市近くの洞窟で、オオカミの発掘調査をしているときに見つかった骨を見せてくれた。そのなかにヒグマのび骨があったと見せてくれた（未発表）。人吉以外からもヒグマの化石が産するという長谷川善和館長の話であった。また、ニホンオオカミとタイリクオオカミの化石が混合して産することや、現在の朝鮮半島のチョウセンオオカミと北海道のエゾオオカミの分布と進化の様子や、ニホンオオカミなどの分布と進化の様子は、わからないことが多く、今後の研究に期待されている。

現在、中国大陸の限定された地域に生息しているジャイアントパンダなどが、陸続きのときには食物は竹以外も食していたり、生息地域がもっと広かった時代には平尾台にもやって来たのではないかと言われている。

同じようにして、平尾台で見つかっているオオカミもやって来ていたのだろう。ジャイアントパンダの化石が産出すると予想されるところは、秋吉台や平尾台などの石灰岩地ではないかと考えられている。平尾台で探しているが、今のところまだ見つかっていない。

いろんな地殻変動や環境変化のなかで、平尾台の環境も変化して、草原が広がったり、植物も寒冷な植物や大陸系の植物が生えたり、または南方系の植物が繁茂するなどの変化もあった。それに伴って、北方や南方の動物が往来し、今の動物生

環境となった。

過去の地殻構造変化や動植物の生活の名残を見つけたり、動物や植物の化石を見つけたりすることで、地殻変動や植物や動物の過去の姿を編成することができる。

元市立北九州大学で生物学を研究されていた、畑中健一さんは、平尾台にある広谷湿原の泥炭層の調査で、現在は温暖な気候だけれども、今の北海道の渡島半島と同じ気候に生える植物の花粉が見つかったという報告をしている。

また、同じ平尾台の広谷湿原で、今でも寒冷地の植物のオオミズゴケや北方系の植物が生えている。また、氷河地形ではないかと思われる地形がある。いろんなことがわかるにつれ、また面白くなる。

平尾台の広谷湿原横に、青龍窟がある。この地はかつて、山伏の修験の場として100年を超す祭典が行われてきた。

中心は、国の重要無形文化財に指定されている等覚寺（とかくじ）の松会（まつえ）で、毎年4月の第3日曜日に行われている弊切り行事は、今では日本ではここにしか残っていない行事である。

○現在の環境

以上のような様々な地殻変動のなかで平尾台の環境はいろいろと変化して、森林や草原が広がったり、植物も寒冷な植物の形成や大陸系の植物への変化であったり、または南方系の植物が繁茂したりして現在の植物の様子になった。それに伴って、ナウマンゾウなどが日本列島に大陸からやって来たり、北海道などから北方系の動物が九州までやって来たり、動物の移動も見られ、その結果、現在の動物たちの分布となった。過去の地殻構造変化や動植物の生活の名残を見つけることができると、地殻や植物や動物の過去の姿を編成することができる。

上記のような、地殻構造変化や動植物の変化は、わずかに残っている過去の名残を見つけ出して組立てたものである。

平尾台カルスト台地の歴史

■古生代の平尾台

○地向斜時代

平尾台石灰岩の基盤となる岩石は、テチス海という浅い海に堆積したもので日本の一番古く基盤になった地層である。地向斜というのは、地層が緩くたわんだ場所のことで、平尾台石灰岩の場合、テチス海の海の底の凹地に土砂が堆積したのだ。

三郡変成岩とは、福岡県の福岡市の南にある三郡山にある変成岩につけられた名称である。

九州の骨組になる堆積物が地向斜に溜まり、堆積後に高圧変成作用を受けた岩石で放射年代は、三畳紀を示す。福岡県から岐阜県まで広く分布しており、平尾台の三郡変成岩は千仏石と呼ぶ。

○源岩の地質時代（デボン紀〜石炭紀）

三郡—蓮華帯・約300Ma

○変成年代（後期石炭紀〜前期ジュラ紀158〜308Ma）

変成とは、岩石が熱や圧力で元の形から変化する現象のことである。熱の加わり方が強かったり、急激であったり、緩やかであったりすることで、変成の強さが変わる。熱の場合が熱変成、重力の場合が重力変成という。

○サンゴ礁の時代（前期石炭紀〜二畳紀後期）

平尾台の石灰岩は、テチス海の地向斜に堆積した岩石であり、石灰岩は、その上にできたサンゴ礁である。

海洋プレートの上に、サンゴ礁が形成された。

形成された時代は、3億4000万年〜2億5000万年前。

　サンゴ礁として形成されたのが、平尾台の石灰岩。サンゴ礁を形成した生物はサンゴ、フズリナ、ワンソクガイ、アンモナイトなど。平尾台周辺の古生代の地層や秋吉台から産出する化石は、古生代の石炭紀やペルム紀の標準化石で、サンゴ礁を形成する生物である。平尾台周辺のフズリナ化石はペルム紀を示す。

　フズリナは、形状から紡錘虫といわれることもある。3億4000万年の石炭紀の前期から、2億5000万年前の二畳紀の後期までの間に、世界中の浅くて暖かな海に広く生息し、大発生し、進化速度が速く、この時代の示準化石として重視されている。これらの動物は海水中のわずかなカルシウムイオンを吸収して体内に蓄積していく。蓄積したカルシウムイオンは石灰岩の主成分になった。

　平尾台が形成された古生代末期は、東北地方の福島県、岩手県、さらに北海道でも、サンゴ礁性の化石が多産する。

　石炭紀の3億4000万年の気候は、高温多湿で、大規模な三角州に、30mを越す大木が密生し石炭紀の名称の起こりになった石炭のもとが形成された。

　石炭のもとの植物は、樹上シダの大木などで、密林には原色の花も、鳥のさえずりも、動物の叫び声もなかったが、多くの昆虫が飛びかっていた。

　現在の日本では、サンゴ礁は沖縄県、鹿児島県では大規模に、足摺岬・室戸岬・紀伊半島南端・伊豆半島には規模は小さいが形成されている。

○テチス海にサンゴ礁形成

　平尾台・香春岳・秋吉台の石灰岩のもとになるサンゴ礁は、テチス海と呼ばれていた。

　現在の地中海に似た浅い海で形成された。

○梅花石層

　門司区の梅花石層が形成された。

標本：梅花石層（門司区青浜）

　ウミユリ、アンモナイトなど、浅海生の生物がいた。

○平尾台は北上した

　A.ウェゲナーが大陸移動説を発表したが、大陸を動かす巨大な力について、誰も説明ができなくて大陸移動説もすたれてしまった。その後、地球物理学的知識が大幅に増え巨大なエネルギーについての理解も定着して、現在では誰でも知っている学説となった。古太平洋プレートの北上により、サンゴ礁が赤道付近から移動してきた。移動速度は3〜4cm／年。現在の海洋性プレートの北上速度は太平洋プレート10cm／年の記録がある。

○付加体理論

　プレート上の堆積物が大陸辺縁部に寄せてきては、日本列島に縞状に溜まっていった。これを付加体理論という。紀伊半島、四国、九州の岩石は、ほぼ東西方向に縞状構造をし、北側が古く、南側の岩石が新しく付加された。平尾台周辺では、呼野古生層はサンゴ礁ができ、基盤岩の上に形成されたサンゴ礁である。四国の中央構造線以南・九州の福岡県の三郡変成岩源岩や平尾台の東側に分布する千仏岩と呼ばれる田川変成岩源岩などがサンゴ礁周辺の深海や大陸周辺の海に形成されていった。

■中生代の平尾台

　中生代の平尾台は、今のユーラシア大陸の東縁の陸地になっていた。平尾台は、すでに陸地になっていて、台地状の形をなした。このユーラシア大陸の東縁の陸地には、大きな水溜まりができていて、この湖を通称「古脇野湖」と呼んだ。こ

れは琵琶湖より巨大な湖であった。また、この湖に堆積した地層を「脇野亜層群」という。古脇野湖野生物は、カメ、恐竜、魚類、巻貝、二枚貝、貝エビ類（エステリア）などである。これらは魚類化石の発掘時の資料である。

中生代の地層の脇野亜層群の最下部には基底礫岩中の石灰岩がある。この石灰岩は、紫川上流にある平尾台などの石灰岩に由来している。この石灰岩礫からは、ペルム紀を示すフズリナ・サンゴ化石が産出した。そのことから、平尾台の石灰岩は、古生代のペルム紀に、サンゴ礁として、形成されたと考えられたのである。

平尾台の北側に分布する貫山は、平尾花崗閃緑岩でできていて、水晶の晶洞がみられる。平尾花崗閃緑岩のK－Ar年代値は90～100Maである。平尾石灰岩には半花崗岩質の貫入岩が南北方向に分布している。鬼の兵古干しや鬼の唐手岩などこの時期に、平尾台の石灰岩は熱変成を受けて、晶質石灰岩となり、古生代の化石は消失した。

○北九州市周辺は陸化していた（大嶺炭田ができた）

標本：（三畳紀）山口県大嶺

平尾台は今の場所で、すでに台地状であった。シダ植物化石、アンモナイトが産する。

石灰岩礫岩中のフズリナ化石

○脇野亜層群の堆積

ユーラシア大陸の東縁の堆積盆地脇野湖、脇野盆地ができ、そこに大きな水溜まりができた（通称古脇野湖）

生物相：カメ、恐竜、巻き貝、二枚貝、淡水生魚類（ブロティオプシス）ストロマトライト、エステリア（貝エビ類）など

○小倉－田川構造線の形成終了（第三紀中半）

断層は、断層を挟んで向こう側が左に動けば左ずれ断層である。平尾台の南端の龍ヶ鼻と続いていた香春岳が、今の位置まで、6km以上ずれた。

現在の小倉東断層（活断層）は、小倉－田川構造線に平行して存在するが右ずれ断層である。これは右ずれ断層で、もし動けばマグニチュード7.0クラスであると予想されている。

■新生代の平尾台

○平尾花崗閃緑岩が形成された

標本：花崗閃緑岩（貫山）

このときの花崗岩質マグマの熱水活動による噴気孔（チムニー）状の黄鉄鉱塊は平尾台の南半分に多く見られる。噴気孔（チムニー）に関する標本は、加藤省次さんが息子さんと一緒に平尾台で見つけて、私のところに持ってきた。その後、市立自然史博物館に収められた。

○筑豊炭田・小倉炭田の形成

標本：石炭（小倉炭田）

小倉炭田は、海岸沿いの沼地に石炭が形成された、足立山の小倉側の麓で、小倉ドームや競輪場は湿地帯で、石炭のボタ山で埋め立てたところであった。アカガイなどの浅海生の貝類がいた。小倉北区に北流する紫川の右岸と足立山との間には、小倉炭田が形成された。時代は、古第三紀。小倉炭田・筑豊炭田などの、福岡県北部の炭田が形成された。

○芦屋層群の堆積

標本：ペンギンモドキ

生物相：芦屋動物相

鯨類：アゴロフィウス、ヤマトクジラ

鳥類：プロトプテルム（ペンギンモドキ）

サメ類：大型のアングスティデンス、小型のオドンタスピス、アミノドン

二枚貝類：グリキメリス

　北九州市の北海岸の若松半島、藍ノ島、馬島、下関市の彦島には、サメの歯、ペンギンモドキ、鯨、二枚貝などの浅海生の生物が生活していた。

生物相：芦屋動物層群

○芦屋層群の動物化石群

標本：クジラ化石、カメ化石

　小倉北区、若松区、下関市などに芦屋層群が堆積した。アカガイ、マテガイ、グリキメリスなどの貝類がいた。

　浅い海には、ペンギンモドキ、クジラ、カメなどがいた。

○日本海の形成

　アジア大陸の太平洋側で海溝が発生し、鮮新世初期から著しい海進が生じて日本列島が次第に大陸から離れ、日本海が形成されていった。

　古地磁気の回転などから開始時期は2000万年前、終了時期は1500万年前の資料あり。

■第四紀

　100～200万年前から、平尾台の洞窟が形成された。その結果、現在の平尾台で見られるカルスト台地特有の、地下地形と地表地形が形成された。

○氷河期（ドナウ氷期、ギュンツ氷期、ミンデル氷期、リス氷期、ウルム氷期）

最終氷河期：平尾台に高山性植物が繁茂し、湿原を形成

資料：北九州市立大学の畑中健一さんの調査による広谷の花粉分析より

　海退－130m，気温－6～－9℃

　氷河期・間氷期の繰り返し

生標本：オオミズゴケ（広谷）

　海退や海進が起こりアジア大陸と動植物が行来する。

平尾台の動物群、第四紀動物群

標本：各種あり（平尾台）

　ニホンオオカミ、ニホンムカシシカ、モウコノウマ、ナウマンゾウ、トウヨウゾウ、オオツノシカ、マツガエサイ、サーベルタイガーなどの動物が大陸からやってきた。

　氷河期後の動物の進化として、オオカミの子孫は、オオカミや犬などに分化した。

○阿蘇4

9万年前

標本：火山灰中の鉱物

阿蘇の火砕流（阿蘇4）：4回目の大爆発で阿蘇カルデラを形成

火砕流（中谷）

　阿蘇山が大爆発して、そのうちの1本の流れの火砕流が田川方面から金辺峠を越えて、平尾台にやってきた。紫川流域の高・中位段丘面に火山灰が堆積。平尾台にも、数mの厚さに堆積し、青龍窟は火砕流で埋まってしまった。洞窟の形成開始は数100万年前からである。

標本：トラバーチン、ペンダント、ストローなど

○縄文時代

　縄文人・弥生人は、夏期に行橋平野から狩猟に来ていたが、定住してはいなかったようである。大分県姫島の黒曜石が運ばれてきて、平尾台の上で加工した工房が見つかっている。

　土蜘蛛と呼ばれている縄文人が、平尾台青龍窟などに住んでいた。

○遺跡の遺物

黒曜石：ヤジリなどの原料の黒曜石は、大分県の姫島産のものが多い。ヤジリの加工場が数箇所見つかっている。

　食用として、ハマグリやサザエなどの貝類が、散見される。狩猟時に短期間滞在していた。

　各時代の、生活用の土器類が散見される。

　＊ヤジリや土器類などは、生物などと異なり、再生産されないので、限りがあり観察だけにして欲しい。もちろん、生物でも、貴重種や絶滅危惧種は個体数や分布も限られているので、観察だけにして、採取は行わないでほしい。

○弥生時代

　土蜘蛛（先住民）が青龍窟に住み、狩猟生活をしていた。

標本：土器・ヤジリ・砥石

○江戸時代

秣（まぐさ）刈り・いり合い

　茅葺き屋根材や漁業用として、永い間秣刈りが行われて、ススキ、ネザサ、オカルカヤ、メカルカヤなどの草原が維持されてきた。

○江戸時代末期

　昔から、龍ヶ鼻は小笠原藩の狩猟場になっており、山口県の毛利藩の小倉戦争の前に気勢をあげた。石灰石が採掘開始され、近代産業の基幹産業として栄える。

　筑豊炭田の石炭、平尾台・香春岳の石灰岩は、第一次産業の原材料として採掘された。

■平尾台カルスト台地の形成の流れ

　平尾台石灰岩は、岩石の特徴から各種の地下地形や地表地形を形作り、カルスト地形が形成された。

○平尾台は低くなった

平尾台の石灰岩は1年に0.19～0.20mm／年の割合で、表面が雨水で溶解してゆき、低くなっている。石灰岩の溶食である。石灰岩は二酸化炭素を含んで水に溶ける岩石で、その他に水で溶ける岩石にはドロマイト、硬セッコウ、セッコウ、岩塩などがある。

　カルスト化作用は、地表の排水系が地下水系へ移行する過程で行われる。石灰岩（$CaCO_3$）は、雨水や地表水が、二酸化炭素を含んで水素イオンの多い水になった。酸性の水よって侵食され、凹地形と凸地形の、カルスト地形ができる。

　平尾台の結晶質石灰岩では、石灰岩中の$CaCO_3$の含有量は97～99％で、非結晶質秋吉台の石灰岩では92～95％である。

　石灰岩中のカルシウム分が、雨水や地表水で溶解した後に残った溶解残留物が、赤色表土となる。赤色表土は、石灰岩中の割れめや洞窟の洞床に堆積したり、平尾台外に流出して減少する。

　他に火山灰やレスなども赤色表土のもとになっている。

石灰岩（$CaCO_3$）の溶解の化学反応

　石灰岩は酸性水で溶ける。

　①空気中の二酸化炭素は水に溶けて、水素イオンと炭酸イオンができる

　反応：$H_2O + CO_2 \rightarrow H_2CO_3 \rightarrow 2H^+ + CO_3^{-2}$

　②炭酸カルシウムは、解離してカルシウムイオンと炭酸イオンができる

　反応：石灰岩$\rightarrow CaCO_3 \rightarrow Ca^{+2} + CO_3^{-2}$

　③炭酸イオンと水素イオンが結合して、重炭酸イオンになり、カルシウムイオンが増える

　反応：$CO_3^{-2} + H^+ \rightarrow HCO_3^-$

　④二酸化炭素を多く含むほど石灰岩はよくとけ、地下水中に重炭酸イオンとカルシウムイオンが含まれる

　⑤地下水が石灰洞内にでてきたり、地表水と

なって外気にふれると、①～③の反応が逆に起こって石灰分が晶出して鍾乳石や石筍となる。

CaCO₃の溶解量は13g／1トンの水

土壌中のCO_2の量は0.03％、土壌中の生物により増加する0.3～3.0％

○カレンフェルト

カルストは、セルビア語に由来した「岩だらけの土地」の意味である。アドリア海に面する、ユーゴスラビアの北部にカルスト地方がある。カルスト地方には、標高100～500mの石灰岩の高原が広っている。

この地形は、カレンのある野原の意味でカレンフェルトと呼ばれている。

カレン：雨水・地表流・土壌水・地下水などの溶解作用でできた、溝状の微地形

カメニツッア：急傾斜な縁と浅い平坦な径1～2mの凹地。堆積物により促進される

ドリーネ：すり鉢状の溶食凹地形で底部に吸込み穴がある。シンクホールともいう

ウバーレ：連合すり鉢穴。隣接するドリーネが連合することで形成される

ポリエ：ウバーレがさらに連続し、底面が地下水に近くなるまで拡大したもの。ポリエにはカルスト湧泉・地表流・ポノール（吸込み穴）を通して、再び地下水系へ流入する水系がある。

凹地形：地表面の岩石が雨水や石灰岩上を流れる水に溶食されて凹地ができる。

ピナクル：露岩の表面が溶食されて溶食溝であるカレンができる。溝と溝の間は1～数mの陵部となる。これをピナクル（針峰）という。カレンフェルトでは、カレンよりもピナクルが目立つ。

○ポノール（吸い込み穴）

雨水や石灰岩上を流れる水、地表河川の水が岩石の割目、岩層の間隙、節理面、断層面によって、地下に流入する部分。地表水が吸い込まれて地下水系に入る入口である。ドリーネやウバーレ

の底、ポリエの末端に分布する。直径は1cmから1m以上になることもある。

○温帯性カルスト

石灰岩の溶食は、年間降水量・年間平均気温・岩質・季節性・植生と被覆状態・土壌とその厚さ・古環境などによって異なり、その結果としてカルスト地形の形状は異なる。

平尾台の石灰岩は結晶質になっているため、カレンの間のピナクルの頂上部分は日射により崩壊しやすくなっていて、ピナクルは丸みを帯びていて、丁度白い羊の群れのように見えるため、羊群原（ようぐんばる）と呼ばれている。

○地下にある川

地下に大規模な河川やプールがある。

地下水系によって、石灰岩が溶解作用されて割目や間隙を広げ、管状やトンネル状の水路ができ、さらに、大きな空洞・洞窟をつくる。洞窟内には地下河川が流れ、洞内で蛇行現象や瀑布やプールや支流、洞窟の階層構造などが見られる。

地下水系の歴史は、洞窟の壁面に地下河川の浸食の歴史が保存されている。ニッチ、ノッチ、スカラブなどの溶食形態、下刻作用によって形成されて洞窟の階層構造が見られる。

地下河川の装飾は、洞窟の壁面には地下水中に含まれていたカルシウム分が、洞窟内の空気にふれて晶出し、天井には鍾乳石、鍾乳管、カーテンなどのペンダントが、壁面にはフローストンが、床面には石筍、石柱、フローストン、リムストンができて残されている。

洞窟の壁面や床面には、地下河川で浸食されて、その川の歴史が保存される。その形状を観察することで、洞窟の形成過程がわかる。

○溶食形態は下記の通りである

天井：ベルール、フレアチックチューブなど

壁面：ニッチ、ノッチ、スカラブなど

床面：下刻作用による形態など

青龍窟：下刻作用による、地下河川の曲流現象や洞窟の階層構造が形成されている

○地下河川の装飾

洞窟の壁面には地下水中に含まれていたカルシウム分が、洞窟内の空気にふれて晶出して、洞窟は装飾される

天井：鍾乳石、鍾乳管、カーテンなどのペンダントなど

壁面：フローストンなど

床面：石筍、石柱、フローストン、リムストンなど

○カワウソ化石

平尾台には現在地表河川が見られない。昔は地表河川があったのではないだろうか。

平尾台の陥没穴

平尾台に開いている陥没穴は、大きさが異なっているものが多数ある。

小さい陥没穴は、直径20〜50cmくらいのものが、直線的に並んで形成されていることが多い。地下の構造と関連していると考えられる。ススキなどの生えている原野のなかにも形成される。

大きな陥没穴は、小型の車両が入るくらいの大きさで、集落の近くに多くできている。必ず、低地にできるとは限らず、丘の頂きや斜面にもでき、突然形成されることが多いため、どこに形成されるか予測が難しい。

■牡鹿洞横ドリーネの陥没穴

平尾台公民館の横には、平尾台唯一の信号機がある。そこから、千仏鍾乳洞方向に少し行くと、道の両側にドリーネのあるところに出る。道路は舗装されていて、その側溝の水は南側のドリーネへと流れていく。数年経過すると、その水によってドリーネの底に2つの陥没穴でき、年々大きくなっていった。

この穴のように、側溝の水などをドリーネに流すと、大型の陥没穴が形成されやすい。

■瀬来さんとこの陥没穴

前田商店の隣に瀬来芳道さんの家がある。その作業小屋と舗装されている道の間に、陥没穴ができた。それは、ある日突然のことだった。深さが3mくらいで、ハンマーで打音検査をすると、うつろな音がし、道の中程から作業小屋の1/2までの広さに、およそ直径10mくらいの空洞があるようだ。

■第1プール横の陥没穴

平尾台自然の郷園内の雨水を一時蓄える第1プールが、吹き上げ峠近くに設置された。プールが満水になって、溢れた水がプール横のドリーネに溜まり、さらにそこも満水になってそばのスギ木立がなぎ倒された。

ある日、突然水がなくなったので調べてみた。するとドリーネの底から水が抜けていて横の舗装道路の方向にむかって直径1mの大きさの横穴ができていた。そこから、水が抜けてしまったようである。

■第2プール下の陥没穴

自然の郷園内の側溝の水を排水するために、50mプール大の貯水池を作り、水を溜めるような施設ができた。一時、そこは満水になったが、しばらくすると、すべての水がなくなってしまっ

た。プールの下端が崩壊していたため、水が抜けてしまったようであった。また、プールの下方にあるドリーネにも陥没穴ができていた。平尾町内には、砂利を入れて埋めた土地があり、第2プールの崩落に関連しているのかもしれない。

■舗装道路横の陥没穴

第1プールの下と第2プールの下の間には舗装された道路の横に、直径およそ1.5mの陥没穴ができた。第2プール下の陥没穴が形成されてから、数年ほど経っていた。

以上の陥没穴は、自然の郷が新設された後にできた穴である。

一般に、平尾台の石灰岩は一枚の続いた岩で、その上に、草の生えた土壌が乗っている。土壌の厚さはいろいろで、薄いところは1mくらいで、厚いところは10mを超える。

石灰岩の上面は雨水で溶かされて、複雑な形をしていてその上に土壌が乗っているため、表面の凹凸や溝の形を調べるのは難しいことである。岩石の上の土壌が流されて、地下に空洞ができたりすると空洞の上の土壌が動き、陥没穴ができる。

舗装道路の真下に陥没穴が形成されることがあれば、通行する車両等への影響が懸念される。

今のところ、陥没穴ができてからの人身事故は発生してはいない。平尾台の人たちは、陥没穴と上手につき合っているといえるだろう。

■平尾台観察センターの陥没穴

今の観察センターをつくったときに、建物の敷地内に3箇所の陥没穴や、太い地下の水道が見つかった。

雨量600mmの後のドリーネ

■キャベツ畑の陥没穴

平尾台にもヘリポートがある。これは緊急用や春の野焼き行事のときに使う。その横におよそ1haのキャベツ畑があり、そこに約600mmの降雨後に、大きな陥没穴ができた。平尾台では600mm前後の降雨は珍しいことである。

■青龍窟峠の陥没穴

広谷湿原から青龍窟への途中に1つの峠がある。この峠に大きな陥没穴ができた。年々、大きくなっていて、今では深さ10m以上にもなった。

■千貫岩横のドリーネの陥没穴

千貫岩について、昔、ある分限者（財産家）がその石を庭石にしたいと考えた。石の持ち主は、値段は千貫だから千貫持ってきたらあげますよということでその名がついたと言われている。その岩の横にある千貫岩ドリーネには、以前から陥没穴ができていた。千貫岩の真下に千貫岩の穴が開いている。この穴を調査したら、ウシの骨が1頭分出てきた。おそらく昔、放牧していたウシが陥落したのだろう。千貫岩ドリーネにある陥没穴

は、平尾台自然の郷が開園されてから数も大きさも増加したようだ。

■小学校の陥没穴

ある日の朝、平尾台の小学校でラジオ体操をしていた。玄関前のグランドで、生徒たちは先生の前に並んで体操をしていた。体操の曲が進んで、先生がジャンプした次の瞬間に、生徒たちの目の前から先生が消えたのだ。「アレ！　先生がいない？　どこにいった！」と生徒たちが駆け寄ってみると、先生が肩まで穴に埋まっていたのだ。学校のグランドは、平尾台の人たちがドリーネを埋めて周りを平らにしてつくられていた。

先生がラジオ体操をしていたところは、まさに、平尾台の人々がかごをかついでドリーネを埋めたところであった。

学校の正門の横には、佐藤修基さんの家がある。平尾台に軍隊がいたときの、連兵隊長が住んでいた家であった。その家と学校の間は、村から内の蔵や尾花畑への旧道があったところで、道の横の原野とドリーネを整地して、学校を作ったのである。

■平尾台の交通信号横の駐車場の陥没穴

信号横に駐車場があって休日ともなると、多くの人で賑っている。そこに公衆トイレがある。トイレの前の駐車場には昔陥没穴があった。トイレの周辺の広い平坦地は、いくつかの陥没穴があったところである。駐車場の上の段に、瀬来芳道さんの家がある。前から陥没穴ができないところだったが、自然の郷の整地や道路の舗装工事を行った後、瀬来さんの家と舗装道路に陥没穴が生じた。平尾台では、側溝や排水池やドリーネを埋めたりすると、地下の水道が変わるようだ。

上記に示した大きな陥没穴以外にも、大きな陥没穴があるが、割愛しておく。

側溝の水を流し入れたり、500mm以上の雨が降ると形成されるようである。

平尾台の遺跡

平尾台には、かなり昔から人が住んでいたようだ。縄文時代、弥生時代から現在まで、定住ではないが人がいた記録が残っている。

陥没穴（人家の庭先）

陥没穴（トレイルランニングコース横）

第2章 平尾台の地史・台地の地形

■海の貝殻

平尾台の各地点から、サザエの蓋、ハマグリの両殻、カキの殻などの貝類が見つかっている。いずれも海産の貝類で、陸産の貝類はない。おそらく、平尾台から一番近い海は、東側に位置して瀬戸内海の西端に面する行橋平野からのものと思われる。

一箇所にまとまって貝塚を作っているのではなく、所々の畑から散見されて見つかる。おそらく、決まったところに定住していたわけではないのだろう。行橋平野には、縄文遺跡や弥生遺跡が報告されていて、縄文遺跡は今の海抜高度で10mの海岸線に沿っているようである。

■夏期の住まい

今よりも海岸線に近いところから、海産物をもって、千仏方面から平尾台に登ってきたようである。平尾台からは、当時の定住生活の住居跡は、見つかっていないので、夏期は狩猟生活を行い、冬期は平野にくだっていたようである。

KCCの人たちが、洞窟調査をしているときにいろんな人から聞かれたのは、洞窟に絵は描いてありませんか、飲み水はありませんか、何か遺物はありませんかだった。どの横穴からも、岩陰からも何も見つからなかった。

過去に、山口大学が光水洞前の広場の発掘調査をした。KCCもまねをして光水洞の前の広場で発掘調査をしたが、砥石や茶わんのかけらが少し出てきただけであった。

光り水遺跡とは、遠くから見たら岩が朝日で光って見えたので、光り水と呼んだそうだ。

■黒曜石の加工場所

平尾台で見つかる黒曜石は、色の薄いものばかりであった。色の薄い黒曜石は産地が少なく、平尾台の近くでは大分県の姫島だけで、平尾台から姫島は見えるところにあるので、平尾台で見つかった黒曜石は姫島から持って来られたものだと思われる。

なお、この石は平尾台に持ってきてから加工されており、石に残っていた加工場所の破片から加工場所は、水場のある広谷湿原横であろう。また、ヤジリなども作っていたようだが、平尾台で見つかるヤジリなどの量から考えると、広谷湿原のような加工場所はまだほかにもあるようであった。

平尾台で見つかるのは、土器や須恵器であったが、平尾台で作成された跡は今のところ見つかってないため、よそで作成して平尾台に持ってきたようである。

■龍ヶ鼻台地の狩猟場

昔、小倉藩の小笠原の殿様は、平尾台の龍ヶ鼻一帯を狩猟場所として保護していたようだ。山口県の毛利藩がやって来て、小笠原藩と戦になった小倉戦争の前に、九州の各藩が揃って、平尾台の龍ヶ鼻で大がかりな狩猟が行われた。そこでイノシシやシカなどの多くの獲物が得られたようだ。昔から、平尾台は草原状態で、かなりの動物がいたようである。

■平尾台の遺跡

平尾台には、11箇所の遺跡が確認されている。戦後の昭和20（1945〜54）年代に山口大学が中心となって発掘が行われ、旧小倉市教育委員

会から報告された。

確認されている遺跡は下記のとおりである。

1，広谷縄文遺跡

（ヒロタニジョウモンイセキ）

2，深窪ノ原遺跡（フカクボノハライセキ）

3，東ノ辻遺跡（ヒガシノツジイセキ）

4，篝火盆地遺跡（カガリビボンチイセキ）

5，吹上峠遺跡（フキアゲトウゲイセキ）

6，平尾遺跡（ヒラオイセキ）

7，鬼の木戸遺跡（オニノキドイセキ）

8，ぜんまい谷遺跡（ゼンマイタニイセキ）

9，無塩ケ鉢遺跡（ムエンガバチイセキ）

10，御花畑縄文遺跡

（オハナバタケジョウモンイセキ）

11，光水洞縄文遺跡

（ヒカリミズドウジョウモンイセキ）

福岡県教育センターにおける 地すべり・岩盤崩壊について

■まえがき

福岡県教育センターの敷地内及び隣接地で、地すべりやそれに関連して岩盤崩落、擁壁の崩壊が生じている。また、県教育センターの北隣の元採石場では、採石後に生じる岩盤崩落や断層による岩盤崩落が起こっている。本報告では、これらの地質学的な現象について、知りえた事項の報告をする。

■地すべりについて

○経緯

私の勤め先の1つに福岡県教育センターがあ

る。そこでは、第1期工事完成にともない、昭和45（1970）年5月14日に新築移転をした。同年の第4期工事で情報処理教育センター建設計画の段階で、管理棟南側の小丘陵で地すべり現象が観察された。

その後、地すべり地の表土除去、地すべり末端部のコンクリートブロックによる擁壁の設置、九州大学による調査等がなされた。九州大学の調査は地盤傾斜計、伸縮計により行われた。調査結果によると、地すべりの堆積域の表土除去により更に不安定さが増して、西南西方向へ押し出すように地すべり現象が起っているとのことである。

○状況

標高800mの犬鳴山から南方向に伸びている尾根の西に教育センターは位置し、管理棟南側にある小丘陵は九州大学の演習林に接している。

この地すべりは、演習林の小丘陵の鞍部近くの標高121mに冠頭を有し、西南西方向に伸びており、末端域の標高は80mでコンクリート擁壁近くである。全長は190m、高度差は40m、発生域の幅は40m、堆積域の幅は53mである。移動した土石量の推定量は3.5万㎥である。

基盤は古生代に形成された三郡変成岩で、緑色岩上に不整合に蛇紋岩が乗っており、蛇紋岩の風化は激しい。当地域の表土層は1～2mと薄く、アカマツ、アラカシ、ネザサが生えている。

昭和45（1970）年に地すべりを確認後、断続的な滑動として観測されており、特に堆積域と末端域の地表地形の変化は近年著しく、降雨後に顕著である。

発生域

九州大学の演習林地内にこの地すべりの発生域がある。地すべりは鞍部に近い傾斜約10度の谷地形で発生している。源頭は凹地を形成しており、地表勾配よりも地すべり面勾配の方が緩やか

である。

　左岸には1〜3mの側方崖、側方崩壊、側方リッジがあり、右岸には1mの側方崖、側方凹地、側方リッジが顕著である。側方崖は開口しており、引っ張りによって生じたキレツである。

　中央部は、第2次滑落崖と圧縮リッジ及び小さな頭部帯状陥没が三段みられる。

　このような現象から、この地すべりは風化岩・岩盤すべりで、陥没型と考えられる。

移動域

　左右の岸には、側方崖、側方凹地、側方リッジがあり、右岸の側方凹地は顕著で、風化岩・岩盤すべりの特徴をよく示している。中央部は運動方向に直交する横断リッジと、運動方向に並行の縦断リッジが多数あり、また斜交するリッジも数本見られた。

　横断リッジは長さ数mで、段差があり開口している。縦断リッジは開口しているが段差は小さい。移動域の下方には数m幅の凹地と、地表変形をしていない地塊がある。これら開口を有するキレツや凹地が形成されていることから、移動域における運動方向への引っ張りの力は大きいと思う。

堆積・末端域

　堆積域は昭和45（1970）年頃に表土を除去し、植え込みを作り、先端部にコンクリートブロックによる擁壁を設置し公園化したため、初期の構造は残存していないが、その後形成された地すべりの構造はみられる。

　中央部には多くの圧縮キレツがあり、地下水の湧水孔が両岸近くにみられる。堆積域の先端部には、末端隆起と多数の湧水孔がある。地下に浸透していった水の水みちがあり、水みちの地表の口が湧水孔である。堆積域は表土層の除去のため泥

位置図

質でなく、基盤の破砕された蛇紋岩礫を多く含んだ崩積土である。先端部に設置されたコンクリートブロック擁壁の崩壊、2次的末端崩壊が現在もまだ継続している。擁壁の崩壊は、移動量の大きな先端部中央付近及び湧水孔が多く分布する左岸付近で顕著である。

　また、先端部は1m幅の不動域のコンクリート擁壁を経て5m幅の道路に接している。この不動域は公園化したときの盛り土であるが擁壁によって移動が妨げられており、擁壁の上面より上の部分が移動している。

　これらの地すべり先端部の現象から、このすべり面の形状は閉鎖型（舟底型すべり面）と判断される。たとえコンクリート擁壁、道路がないとしても、閉鎖型をとると考えられる。

地下水の排出

（ア）水みち

　細管先端部南側そばで深さ1.2mの穴を掘ったところ、地下水排水用の水みちの存在を認めた。水みちは地表より70cmおよび90cm付近に4本あり、口径は5〜10cmで、1m幅に2〜3本の割合で分布し、管壁にはシルト状の粒子が付着していた。数日後、約10mmの降雨後に盛んな出水が管口から観察された（平成3（1991）年2月）。

この水みちは、地下水の移動にともない地下水面下の帯水層に形成されたものである。

地下水排水用のみちは、福岡県教育センター正門前の道路脇や、福岡県北部にある私の永年のフィールドである平尾台石灰岩台地などで観察した。平尾台の場合は、石灰岩の上に7～8万年前の阿蘇4火砕流が堆積したのち、降雨が浸透し、火砕流中の帯水層に地下水排水用の水みちが形成されていた。調査した地すべり先端部の水みちと平尾台の水みちの形状は似ており、成因は同じであろう。

（イ）湧水孔

堆積・末端域に分布する地下水の湧水孔は、水みちほど管の径は太くないかまたは孔はない。平成3（1991）年の梅雨期の降水量は例年になく多く、地すべり内にある湧水孔からの出水が常時観察された。湧水孔は、地すべり地以外でも存在し、蛇紋岩を多く含む基盤中よりも、基盤の風化したB層・C層、第四紀層中にある。

（ウ）地表流

調査した地すべりの移動域では、降雨の強さより浸透能が大きいため、ホートン地表流は発生していない。

移動域では地すべり地に特有の引っ張りキレツが多く、側方崖、側方凹地などにより浸透能が極端に増大するためと思われる。堆積域では浸透能が小さく、ホートン地表流が発生している。また、湧水孔から流出した水が地表流に加わる。

○**移動量の測定**

（ア）　コンクリートブロックの擁壁崩壊

コンクリートブロック擁壁は地すべり先端に昭和46（1971）年頃に設置され、基礎はなく、セメントを使用せずに施工されている。

擁壁の崩壊は、長さ70mの擁壁の中央部で、2日連続の降雨後に、幅2mの範囲で平成3（1991）年4月上旬に生じた。崩壊しなかった部分もすべり方向に押し出されており、施工当時に比べ大きく変形している。

（イ）　末端部の移動量の測定

地すべりの先端を挟んで末端部と不動域にポイントを定め、平板測量・メートルナワで移動量を測定した。

平成3（1991）年4月27日に末端部に1ポイント、不動域に3ポイントを設定し、296日後の平成4（1992）年2月17日に再度平板測量を行った。296日間の移動量は148.9mmであった。これは1日当たり平均0.50mmの移動量となる。

平成3（1991）年4月に設定した上記の各ポイントを平成4（1992）年11月30日に再度測量を行った。平成4（1992）年2月と比較すると287日間の移動量は89.1mmであった。1日当たりの平均移動量は0.31mmとなる。前回の移動量より減少したのは、この期間の降水量が少なかったことと、地すべり止めのために水平ボウリングを平成4（1992）年3月に行ったことが、相乗作用したためと考えられる。

末端域の移動方向はほぼ南西の方向である。平成3（1991）年2月と4年11月を比較すると、553日間の移動量は238.0mmであり、1日あたり

福岡県教育センターの地すべり

の平均移動量は0.43mmとなる。

○**地すべりの要因について**

　当地域の地すべりの要因は次のことが考えられる。

　①基盤は蛇紋岩で、風化が著しく、断層によって寸断されており、水を含むと滑りやすい。

　②谷地形で発生しており、雨水が集積される。

　③発生域・堆積域では浸透能が大きい。

　④粘着力のあるシルト状の岩石風化成分が流出している。

　⑤帯水層の水みちがあり、多くの湧水孔がある。

■岩盤崩壊について

　北隣の採石場では、採石中止後に岩盤崩落が発生した。また活断層による岩盤崩落も起こっている。

　県教育センター北に隣接する元採石場の西約80m地点に古第三紀層の頁岩層が分布する。野田光男（1965）によれば勝田累層基底の四尺炭層より約10m上位の頁岩層と基盤の蛇紋岩とが衝上関係で相接する。走向ほぼ東－西傾斜60度を示し、それがすぐ西方で北西方向の断層で切られているという。

　元砕石場には北北西方向の断層と、東北東方向の断層がある。また、県教育センター研修棟屋上の天文台は数年でmm単位の南方向への傾きが生じている。平成3（1991）年2月。本調査地及びその周辺では、北北西方向とそれにほぼ直交する断層が支配しているようだ。

　元砕石場では2つの岩盤崩壊がある。

　岩盤崩壊は元砕石場の高さ25mの東壁で起こり、落差は約6mである。採石したため、崩壊した地塊に加わっていた横からの圧力が減少し、基盤中の断層や節理面でのずれが生じたものと思われる。ずれ面はほぼ北北西方向であるが、断層は見つからなかった。

　この岩盤崩壊の南10m地点に東北東方向の断層面があり、約3mの落差で岩盤崩壊が生じている。

■おわりに

　昭和45（1970）年に県教育センターが今の地に設置されてから20年が過ぎた。この間、地すべり・岩盤崩壊が発生している。元来、蛇紋岩の多い地域は、地すべりの多い地域である。

　ここで報告した地すべりは風化岩・岩盤すべりで、すべり面の形状は閉鎖型で、現在でも継続している。発生域は西南西方向で、末端では南西方向に動いており、1日あたりの移動量は平均0.43mmである。

　なお、平成3（1991）年末より、地すべり止めの工事が行われている。末端部とすべり面における水平ボーリングによる排水工事である。

●参考文献

浦田英夫（1961）：福岡市北東犬鳴地区の地質――とくに三郡変成岩類の層序について、九州大学大学教養部地学研究報告第7号、57～68

野田光雄（1966）：福岡炭田粕谷地区の地質構造、九州大学教養学部地学研究報告第13号、1～8

大久保雅弘・藤田至則（1972）：改定地学ハンドブック、築地書館

松本達郎・野田光雄・宮久三千年（1962）：日本地方地質誌－九州地方、朝倉書店

藤原明敏（1979）：地すべりの解析と防止対策－特に土木工事に関連する地すべりの発生予知、理工図書

山口勝・富田宰臣・下山正一・野井英明・亀山徳彦（1983）：福岡県土地分類基本調査表層地質図5万分の1「福岡・津屋崎・神湊」図幅および同説明書、福岡県

谷口俊雄・藤原明敏（1987）：地すべり調査と解析－実例に基づく調査・解析法、理工図書

地下水ハンドブック編集委員会編（1980）：地下水ハンドブック、建設産業調査会

藤田崇（1990）：地すべり－山地災害の地質学－、共立出版

榧根勇（1992）：地下水の世界　NHKブックスNo.651、NHK出版

唐木田芳文・早坂祥三・長谷義隆・日本地質「九州地方」編集委員会（1992）：日本の地質9九州地方、共立出版

第 3 章
平尾台の植物

周辺の山地と異なる、石灰岩台地の歴史を物語る植物が残存している。気温の低下で北海道近くの植物が生育していたり、大陸に由来する植物が生育している。気候や地形の変化によって、植物の生育が変化し、移動し、植物が混生した。石灰岩地には、これらの生物が保存されやすく、周辺の山地と異なる石灰岩地特有の植生が見られる。貴重植物も多く見られる。

平尾台を代表する植物

■好石灰岩植物・石灰岩指標植物

この植物が生えていると、その地が石灰岩であることがわかる。

クモノスシダ、ツルデンダ、シロバナハンショウヅル、イワツクバネウツギ、イブキシモツケ、オニシバリ、チョウジガマズミ、バイカウツギ、イボタノキ、ハリイシゴケ、カハラクラマゴケモドキなど

■嫌石灰岩植物

石灰岩地には生えない植物。生育している植物で、地中の岩石の種類を見分けることができる。

ツツジ類、シイ類（スダジイ、ツブラジイ）、クリなど

■森林

○ヤブニッケイ林

ドリーネなどの表土の厚いところ、水の豊富なところ、阿蘇4の火砕流が堆積している集落周辺のウバーレには大きな森林が形成されている。

ヤブニッケイ、シロダモ、タブ、バイカウツギ、コバノチョウセンエノキ、シュロ、ナンテン、サンショウ、コショウノキ、ネズミモチ、アオキなど

○イワシデ林

平尾台の北部にある大穴の東斜面などの崖地にみられる。

イワシデ、ネズミモチ、チョウジガマズミ、テイカカズラ、イワツクバネウツギ、シロバナハンショウヅル、イブキシモツケ、キヅタ、ヤブツバキ、ジャノヒゲなど

■広谷湿地

○湿地の中心

*イトイヌノハナヒゲ－カリマタガヤ群集

オオミズゴケ群落、ヒメクグ群落、チゴザサ群落、アリノトウグサ群落、トキソウ、イヌノハナヒゲ、カリマタガヤ、モウセンゴケ、コケオトギリ、ホザキノミミカキグサ、ムラサキミミカキグサ、アリノトウグサ、ミミカキグサ、ミズトンボ、サギソウなど

*カモノハシ－マアザミ群集

カモノハシ、マアザミ、ミツバツチグリ、ゴウソ、コブナグサ、ヌマトラノオ、カキラン、ススキ、ゼンマイ、アブラガヤなど

*その他

コバギ、ボウシ、ワレモコウ、ノダケ、サワヒヨドリ、サワギキョウ、ヤマイ、アブラガヤ、カモノハシ

○水路の脇

アカバナ亜群落、ヒメシロネ群落、ツリフネソウ群落、ヤハズソウ群落、ホソバミズゼニゴケ、シカクイ、アカバナ、チダケサシ、エゾミソハギ、ホソバオグルマ、サワギキョウ、ヒメシダ、ノハナショウブ、ヒメシロネ、マアザミ、チゴザサ

○湿地の周辺

　ナンバンギセル、オカトラノオ、オミナエシ、ススキ、カキラン、コケオトギリ、カワラケツメイ、スダレヨシ、ヤマドリゼンマイ、カワラナデシコ、マルバハギ

○湿地の外の乾燥地

　リンドウ、オトコヨモギ、ヤマシロギク、キキョウ、クララ、メドハギ、ヒナノシャクジョウ、コオニユリ、チガヤ、ススキ、メガルカヤ、ナルコビエ、ホンゴウソウ、ヒナノシャクジョウ、ワラビ、ゼンマイ、ミツバツチグリ

■草原の生物

○一年中生えている

　ネザサ、ススキ、クズ、メガルカヤ、オカルカヤ、オガルカヤ

○春の花

　シラン（赤紫色）、カキラン（黄色）、ジャケツイバラ（黄色）、クララ（黄色）、ホタルカズラ（白色）、ノハナショウブ（紫色）など

○夏の花

　ヤナギアザミ（紅紫色）、ノヒメユリ（赤黄色）、サワヒヨドリ（淡紅紫色）、カワラナデシコ（淡紅色）、ムラサキ（紫色）

○秋の花

　オミナエシ（黄色）、オトコエシ（白色）、キキョウ（紫色）、クズ（紅紫色）、ハバヤマボクチ（暗紫色）、ヒメヒゴタイ（紅紫色）、マルバハギ（淡紅色）、ムラサキセンブリ（紫色）、ミシマサイコ（青紫色）、ヒメヒゴタイ（紅紫色）、ヤマジノギク（青紫色）

○平尾台の農作物

　柑橘類はユズを除いて適さず、イチョウなどは成育が悪いため生えにくい。

　よく作られている作物はキャベツ、ダイコン、ソバ、タマネギ、ジャガイモ、ハクサイなど

■氷河期残存植物

　広谷湿地には、氷河時代の残存植物がみられる。絶滅危惧種が多くみられる。

　ノハナショウブ（紅紫色）、カワラナデシコ（桃色）、サワギキョウ、アブラガヤ、オオミズゴケ、モウセンゴケ、ミミカキグサなど

■アジア大陸と陸続きであったことを示す植物

　コバノチョウセンエノキ

平尾台でまれに見かけるオカウツギ

自生の平尾台の花、シラン

平尾台に生育する稀少な植物について

和名	概要	平尾台の絶滅危惧種	日本の絶滅危惧種
サギソウ	湿地の植物	平尾台の絶滅危惧種	絶滅危惧種
サワギキョウ	湿地の植物	平尾台の絶滅危惧種	絶滅危惧種
サワトラノオ		平尾台の絶滅危惧種	絶滅危惧種
ヒゴタイ	草地の植物	平尾台の絶滅危惧種	絶滅危惧種
フジバカマ	草地の植物	平尾台の絶滅危惧種	絶滅危惧種
イヌセンブリ	草地の植物	平尾台の絶滅危惧種	絶滅危惧種
エビネ属		平尾台の絶滅危惧種	絶滅危惧種
オキナグサ	草地の植物	平尾台の絶滅危惧種	絶滅危惧種
カンアオイ属		平尾台の絶滅危惧種	絶滅危惧種
キエビネ	森林の植物	平尾台の絶滅危惧種	絶滅危惧種
クロバナハンショウズヅル		平尾台の絶滅危惧種	絶滅危惧種
シロバナハンショウヅル	石灰岩指標植物	平尾台の絶滅危惧種	
シラン	草地の植物	平尾台の絶滅危惧種	絶滅危惧種
ツクシトラノオ		平尾台の絶滅危惧種	絶滅危惧種
ナツエビネ		平尾台の絶滅危惧種	絶滅危惧種
ホンゴウソウ	湿地の植物	平尾台の絶滅危惧種	絶滅危惧種
ムラサキ	草原の植物	平尾台の絶滅危惧種	絶滅危惧種
ムラサキセンブリ	草地の植物	平尾台の絶滅危惧種	絶滅危惧種
ヒメイノモトソウ		平尾台の絶滅危惧種	絶滅危惧種
マルバノフナバラソウ		平尾台の絶滅危惧種	
イワツクバネウツギ	石灰岩指標植物	平尾台の貴重種	
イボタノキ	石灰岩指標植物	平尾台の貴重種	
イブキシモツケ	石灰岩指標植物	平尾台の貴重種	
オニシバリ	石灰岩指標植物	平尾台の貴重種種	
チョウジガマズミ	石灰岩指標植物	平尾台の絶滅危惧種	準絶滅危惧種
バイカウツギ	石灰岩指標植物	平尾台の絶滅危惧種	
イワシデ	森林の植物	平尾台の貴重種	
イワレンゲ	崖地の植物	平尾台の絶滅危惧種	
ウメバチソウ	草地の植物	平尾台の絶滅危惧種	
エゾミソハギ	湿地の植物	平尾台の貴重種	
オミナエシ	草地の植物	平尾台の貴重種	
カキラン	草地の植物	平尾台の貴重種	
キキョウ	草地の植物	平尾台の貴重種	絶滅危惧種

和名	概要	平尾台の絶滅危惧種	日本の絶滅危惧種
コケオトギリ	湿地の植物	平尾台の貴重種	
コクラン		平尾台の絶滅危惧種	
サイハイラン	森林の植物	平尾台の貴重種	
シカクイ	湿地の植物	平尾台の貴重種	
シュスラン	森林の植物	平尾台の貴重種	
スズサイコ	草地の植物	平尾台の絶滅危惧種	準絶滅危惧種
センブリ	草地の植物	平尾台の貴重種	
ツキヌキオトギリ	草地の植物	平尾台の貴重種	絶滅危惧種
ツクシショウジョウバカマ	湿地の植物	平尾台の絶滅危惧種	
ツメレンゲ	崖地の植物	平尾台の絶滅危惧種	準絶滅危惧種
ツリフネソウ	湿地の植物	平尾台の絶滅危惧種	
シオガマギク	草地の植物	平尾台の貴重種	
トキソウ	湿地の植物	平尾台の絶滅危惧種	準絶滅危惧種
ヌマトラノオ　ヌマかサワか	湿地の植物	平尾台の絶滅危惧種	
ノハナショウブ	湿地の植物	平尾台の絶滅危惧種	
ノヒメユリ	草地の植物	平尾台の貴重種	絶滅危惧種
ハバヤマボクチ	草地の植物	平尾台の貴重種	
ヒオウギ	草地の植物	平尾台の貴重種	
ヒメヒゴタイ	草地の植物	平尾台の貴重種	
ヒメシロネ	湿地の植物	平尾台の貴重種	
ヒナノシャクジョウ	湿地の植物	平尾台の絶滅危惧種	
フナバラソウ	森林の植物	平尾台の絶滅危惧種	絶滅危惧種
ホソバオグルマ	湿地の植物	平尾台の貴重種	絶滅危惧種
ホザキノミミカキグサ	湿地の植物	平尾台の絶滅危惧種	
ミミカキグサ	湿地の植物	平尾台の絶滅危惧種	
ミツバツチグリ	湿地の植物	平尾台の絶滅危惧種	
ミズトンボ	湿地の植物	平尾台の絶滅危惧種	絶滅危惧種
ムカゴトンボ	湿地の植物	平尾台の絶滅危惧種	絶滅危惧種
ムラサキミミカキグサ	湿地の植物	平尾台の絶滅危惧種	準絶滅危惧種
モウセンゴケ	湿地の植物	平尾台の絶滅危惧種	
ヤマボクチ	草原の植物	平尾台の貴重種	
ユウコクラン		平尾台の貴重種	
ユリワサビ	崖地の植物	平尾台の絶滅危惧種	
リンドウ	湿地の植物	平尾台の貴重種	

和名	概要	平尾台の絶滅危惧種	日本の絶滅危惧種
クララ	草地の植物	平尾台の絶滅危惧種	
ゴウソ	湿地の植物		
サワヒヨドリ	草地の植物		
ジャケツイバラ	草地の植物		
スダレヨシ	湿地の植物		
チダケサシ	湿地の植物		
ノダケ	湿地の植物		
ホタルカズラ	草地の植物		
マルバハギ	草地の植物		
マアザミ	湿地の植物		
ヤナギアザミ	草地の植物		
カハルクラマゴケモドキ	石灰岩指標植物	平尾台の絶滅危惧種	
ハリイシゴケ	石灰岩指標植物	平尾台の絶滅危惧種	
オオミズゴケ	湿地の植物	平尾台の絶滅危惧種	
コタニワタリ	ドリーネ	平尾台の絶滅危惧種	
ホソバミズゼニゴケ	湿地の植物	平尾台の貴重種	
クモノスシダ	石灰岩指標植物	平尾台の絶滅危惧種	
ツルデンダ	石灰岩指標植物	平尾台の絶滅危惧種	
ヤマドリゼンマイ	湿地の植物	平尾台の絶滅危惧種	
ヒロハハナセスリ	草原の植物	平尾台の絶滅危惧種	
ヒメシダ	湿地の植物	平尾台の貴重種	

平尾台の稀少な植物

※平尾台の絶滅危惧種　Hiraodai endangered：条件は下記のものとする

日本の絶滅危惧種：「環境省のレッドリスト」に掲載されている

平尾台において人為的作用で、存続が危ぶまれ、絶滅の危機に瀕している種

石灰岩指標種・寒冷時期残存種・大陸系植物などは、個体数に関係なく平尾台の絶滅危惧種とした

※平尾台の貴重種　Hiraodai precious：条件は下記のものとする

平尾台において人為的作用で、絶滅の危機が増大している種

分布の南限や北限にあたる種

平尾台以外の九州・山口で極端に減少し、または絶滅している種

洞窟に生息する動物で、個体数が少ない種

陸産貝類で、平尾台以外には生息していないか、個体数が少ない種

平尾台観察センター・視覚資料（植物）

記録　曾塚孝　　1999 年 10 月 18 日　　参考資料：福岡県植物誌

植物の特徴

アラカシー 　ナンテン群集	アラカシ シュロ ビワ	アオキ ヤブニッケイ ヒメカナワラビ	コショウノキ トベラ ヤマヤブソテツ	サンショウ ナンテン
イワシデー 　イワツクバネ 　ウツギ群集	イワシデ ナンテン コマユミ	イボタノキ バイカウツギ ヤマブキ	イワツクバネウツギ キビノクロウメモドキ ビワ	イブキシモツケ コバノチョウセンエノキ
スダジイー 　ヤブコウジ群集	イヌツゲ ヤマボウシ ベニシダ	カクレミノ コジイ リョウブ	クロガネモチ コバノミツバツツジ	クロキ スダジイ
ススキー 　ネザサ群集	アキカラマツ オミナエシ カセンソウ キキョウ シラン ネザサ ヒオウギ ハバヤマボクチ ワラビ	アキノキリンソウ シラヤマギク カキラン クズ シマカンギク ノアザミ ヒメアブラススキ ムラサキ	ウメバチソウ オトコヨモギ カワラナデシコ コオニユリ ススキ ノヒメユリ マルバハギ ヤブレガサ	オキナグサ オカトラノオ ジャケツイバラ サルトリイバラ センブリ ヒヨドリバナ ミシマサイコ リンドウ
湿地性植物	オオミズゴケ ヒメシロネ ミミカキグサ	サギソウ モウセンゴケ	サワヒヨドリ ミズギボウシ	ノハナショウブ ミズトンボ
好石灰岩植物	カワルクラマゴケモドキ イワツクバネウツギ	クモノスシダ キビノクロウメモドキ	シゲモリクラマゴケ チョウジガマズミ	ツルデンダ
大陸系依存植物	イワシデ ヤブレガサ	オキナグサ ノヒメユリ	コバノチョウセンエノキ フナバラソウ	チョウジガマズミ
寄生植物	ナンバンギセル	ヤドリギ	ヒナノシャクジョウ	ホンゴウソウ
非石灰岩地の植物 （花崗岩・ 　半花崗岩地）	アキグミ ムラサキセンブリ ヒメヒゴタイ	クロマツ ノヒメユリ ウメバチソウ	ヤマツツジ ハバヤマボクチ	ヤマヤナギ オキナグサ

平尾台の大木

平尾台の中央部にある平尾台集落のウバーレなどの周辺には、次のものがある。

■公民館前の天皇即位のサクラ

昭和天皇が天皇即位のときに植えられたサクラ。植林されたときは数年経った若木だったが、植えられてから90年が経ったときに、開花数が少なかったため、平尾台町内では、木の周囲を掘り下げ、栄養分を入れるなどの処理をした。その後3年経った現在では、年々開花数も増え若い枝も多くなり、多くの種子をつけている。

樹種はソメイヨシノと言われているが、ソメイヨシノならば種子ができないはずだが、大変多くの種子が実り、発芽するものもある。

■前田商店横のヤマザクラ

公民館前のサクラより古いのが、公民館横の前田商店横のサクラである。樹種はヤマザクラ。

この木も、毎春多くの花を咲かせ、たくさんの種子を振りまいている。

■平尾台山神社のシイノキ

毎年、春になると樹木一杯に淡い白色の花をつける。平尾台には、一本もシイノキはない。石灰岩地には植物が育たないものがたくさんあり、シイノキ、クリ、ツツジ類などは平尾台では育たない。広谷地域では石灰岩地域と花崗岩地域とが、モザイク状に入り混ざっている。

花崗岩地域には、土や岩石の色が赤っぽくなっている。野生のクリノキ、ツツジ類が生えてい

て、石灰岩が分布してないことがわかる。シイノキ・クリも石灰岩を嫌う。

■平尾台の学校宿舎のクリ

小学校正門前に民家を改良した学校の宿舎がある。その真ん中に大きなクリがある。

前の持ち主の徳田明さんが戦後入植してきて庭に植えたものである。胸高直径は大きく、毎年多くの種子をつける。

■県道38号線のイチョウ並木

吹上峠から登る平尾台自然の里横には平尾台唯一の点滅信号機があり、その交差点までの道筋には、イチョウの並木がある。

昭和21（1946）年に現在の平尾台口から集落の中心まで、初めて車の通る舗装道路ができた。それまでは車道に平行して歩道の登山道があるだけだった。その新しい道にイチョウが植えられたのである。

■平尾台トレイルランニングの記念樹

平尾台自然観察センターの山手には、底の平らなドリーネがある。自然の郷ができるまでは、このドリーネで野外コンサートが行われていた。このドリーネ周辺で、記念植樹が行われた。トレイルランニングが行われるのを記念して、前夜祭の日に会場清掃・整備と同時に平成10（2010）年4月17日に行われた。

■野焼きの事故

昭和52（1977）年3月25日　定例の野焼き行事を行った。

事故現場は、平尾台の北部にある貫谷で発生した。地形は、貫山から北北東になだらかに開いている貫谷地域で発生した。この地域のススキ草原は、丈が高く2mを越える貫谷で、通常風は谷下から上方峠のNTTタワー方向へ吹く。事故当時の風向はわからないが、ススキ草原のなかでは、野焼きを担当している人の人影は、遠目ではわからない。そんななかでの事故だった。現在では、貫山横のNTTタワーそばに碑が建てられていて、谷を見下ろしている。今はヤシャブシやスギが植林されている。

平尾台の野生のウメの木

野生のモモ

平尾集落の近くにあるヤマナシの大木

平尾台自生のカキ

戦後入植してきて植えたクリの老木

野生のビワ

第3章　平尾台の植物

福岡県の天然記念物・名勝・渓谷など

福岡県の天然記念物、名勝と渓谷などを含めて平尾台に関係あるものを選び出した。

福岡県を大きく4地方に分けてまとめ、5万分の1の地形図の名称と、国指定は国、県指定は県、天然記念物は天、名勝は名で示している。

また、地学関係の資料が収集展示されている博物館なども示した。

地方	名　称	場　所	種　別	種　類	地形図
北九州地方	梅花石	北九州市門司区	県・天	化石	宇部
	平尾台	北九州市小倉南区	国・天	カルスト地形	行橋
	千仏鍾乳洞	北九州市小倉南区	国・天	鍾乳洞	行橋
	菅生の滝	北九州市小倉南区		瀑布	小倉
	馬島・藍ノ島	北九州市小倉南区	海蝕地形	化石	小倉
	夜宮の大珪化木	北九州市戸畑区	国・天	化石	小倉
	千畳敷と遠見ケ鼻	北九州市若松区	海蝕地形	化石	小倉
	洞山島	北九州市若松区	海蝕洞	化石	折尾
	青龍窟	京都郡苅田町	国・天	鍾乳洞	行橋
	内尾薬師	京都郡苅田町		鍾乳洞	行橋
	直方市石炭記念館、北九州市立自然史歴史博物館（いのちのたび博物館）、到津の森公園				
筑豊地方	岩屋鍾乳洞	田川市	県・天	鍾乳洞	行橋
	岩屋の洞窟と滝	田川郡香春町		鍾乳洞、スカルン鉱物	行橋
	香春岳	田川郡香春町		スカルン鉱物	行橋
	鷹巣山	田川郡添田町	国・天	火山地形	吉井
	英彦山	田川郡添田町		山岳地形	吉井
	上野峡	田川郡赤池町		瀑布、福智断層	行橋
	内ケ磯渓谷	直方市　福智川		大塔ノ滝、福地山地	行橋
	龍王峡	直方市　近津川		尺岳	行橋
	千石峡	宮田町　八木山川			直方
	田川市石炭・歴史博物館、宮田町石炭記念館、ボタ山				
福岡地方	名島の檣石	福岡市東区	国・天	珪化木	福岡
	海の中道	福岡市東区		砂嘴、陸繋島	福岡・津屋崎
	長垂の含紅雲母ペグマタイト岩脈	福岡市西区	国・天	鉱物	福岡
	生の松原	福岡市西区		海岸地形	福岡
	野河内渓谷	福岡市　室見川		背振山地、水無鍾乳洞し、背振山	
	恋の浦海岸	宗像郡津屋崎町	県・天	化石、鉱物、海蝕地形	津屋崎
	篠栗耶馬渓陣ケ滝、五塔滝など	粕屋郡篠栗町		ブルース石・笹葉石	太宰府
	三郡山	粕屋郡など3郡		東麓に三郡変成岩の代表地	太宰府
	桜井二見ケ浦	糸島郡志摩町	県・名	海地形	前原
	芥屋の大門	糸島郡志摩町	国・天	玄武岩柱状摂理、海蝕洞	前原
	筑紫耶馬渓	珂川町　那珂川		花崗岩、甌穴多し	背振山
	白糸の滝	前原市	県・名	瀑布	前原
	ボタ山、福岡市動植物園				
筑後地方	宝珠岩屋	朝倉郡宝珠山村	県・天	安山岩地形	
	霊岩寺の奇岩	八女郡黒木町	県・天	安山岩地形	日田・八方ケ山
	日向神峡渓谷	黒木村	矢部川	複輝石安山岩、奇岩渓谷、金鉱脈	日田・八方ケ山
	古処馬見山地	甘木市、嘉穂郡		山頂の石灰岩、洞窟	甘木・吉井
	耳納山地	久留米市、浮羽郡		水縄断層、神護石	久留米
	有明海	福岡など4県		日本一の干満の差	大牟田
	竜川内渓谷	八女郡星野村			日田
	ボタ山大牟田市動物園				
	文献：福岡県教育委員会編(昭和54年)、福岡県の名勝・天然記念物西日本文化協会　　福岡県百科事典(昭和57年)、西日本新聞社				

第3章　平尾台の植物

平尾台産の野生種・自生種の果樹

月	花　暦	ウメ栽培暦	福岡県平尾台の自生種・野生種の果樹
1			
2	ウメ開花	6月：果実採集	1、ウメ（通称ノウメと呼ぶ）
		完熟 大粒 落下果実 楕円形の種子	・古代ウメ（古いタイプの梅
3	ビワ開花	①処理1	果実は尻がとがった楕円形
		ア）果肉を取る	・中国原産なので、平尾台に
4	サクラ開花	イ）水洗をする	は数が少なく人通りのある
	ナシ開花	ウ）1日陰干しをして乾燥させる	道のそばにはえている
5	カキ開花	②処理2	
		エ）ポリ袋に入れて密封	2、ビワ
6	ウメ結実	オ）冷蔵庫の野菜室に入れる	・平尾台の森林部分に生えて
		4℃程度で、50日以上保存する	いる
7			
8		『ウメの果実の大きさ』	3、ヤマザクラ
9		縦の長さ　　　　横の幅	・平尾台及び周辺の山々に
10		5個平均　　　15個平均	多く分布している
11		31.4 mm　　24.4 mm	・竹やぶ伐採地には、なぜか
			直線状に埋没種子が自生し
12			てきた。なぜ直線状に並ぶ
1			のか
2	ウメ開花		・また、竹やぶ伐採地には
			60本以上も埋没種子から
3	ビワ開花		発芽してきた
4	サクラ開花	11月：種子を蒔く	4、ナシ（ヤマナシ）
	ナシ開花	③処理3	・平尾台の阿蘇4堆積地域の
5	カキ開花	カ）殻を取る	本村周辺に巨木が数本分布
		なかの種子に傷をつけないように	している
6	ウメ結実	キ）蒔き床	・春3月〜4月に大きな花を
		畑か鉢に蒔く	つける
7		3cm以上土をかぶせる	・6月、種子をつける
8		ク）十分に水をやる	
9			5、モモ（通称ノモモと呼ぶ）
10		翌年3月：発芽する	・古代モモ（古いタイプの桃
11		④処理4	果実は尻がとがった小型の
		ケ）苗を育てる 冠水に注意をする	楕円形
12			・中国原産なので．平尾台に
1		翌年10月〜11月：鉢取りをする	は数が多く分布し桃源郷を
2	ウメ開花	⑤処理5	作る
		コ）定植をする	・古くからの道のそばにはえ
3	ビワ開花		ている
4	サクラ開花		6、カキ
	ヤマナシ開花		・平尾台の森林の周辺部分に
5	カキ開花		多く分布している
		＊モモの種子も、サクラの種子も	・果実は小型で 渋アリ
6	ウメ結実	梅と同じように処理する	
			7、クリ
7		＊ビワの種子は取り蒔きしても、発芽する	・石灰岩地を嫌うので、平尾
8			台の広谷湿原の北側の花崗
9		＊果実、種子はノネズミ、特にカヤネズミ	岩地に自生している
10		がよく食している	・樹高は低く、いがが熟する
11			と、野生のネズミがよく食
12			している

65

ハチク林伐採後の植生の変化

　平尾台在住の地主や平尾台町内の有志の方たちから、最近、平尾台の植物が単純になってきたと話があったのが平成23（2011）年秋の運動会の日だった。そのひとつが羊群原下のドリーネの竹やぶ（ハチク林）だ。

　何とか伐採できないかと相談された。何せ、国定公園や、国の天然記念物指定地であるので、大変だった。法務局に行って、地図を手に入れてきて、申請書を書いて、福岡県と北九州市に持っていった。それからがさらに大変で、4ha以上の面積に、竹がびっしり生えていて、例年の平尾台の野焼きでも燃えず、伐採後、完全に燃やすのに2年かかった。

　伐採地なので、セイタカアワダチソウやヨウシュヤマゴボウなどの侵入が早いうえに、伐採したハチクの再生力が強い。そんなことで、伐採申請の延長や再延長を行っている最中だ。

　もともと、平尾台カルスト台地の、植物の回復が目的であるので、道具や薬剤は使えず、生えてきた植物を愛でながら、手刈りで行っている。竹やぶのときは、およそ20種類くらいの植物だったが、季節を追って、年を追って生えてくる植物が増え、土のなかで休眠していた種子が発芽してきて、今では、300種類以上の平尾台の植物が、復活してきた。

　伐採から3年以上になったが、外来種のセイタカアワダチソウやハチクの再生と格闘している。だが、再生してきた平尾台の植物の花は、すばらしい。

ハチク林伐採後の植生の変化（1）

野焼き 23 年　平成 23 年 3 月　　　単独 **27**　　累計 **27**
伐採前の調査日　23 年　平成 23 年 3 月
ハチク林とその周辺で　27 種類

アオキ	イヌヨモギ	オトコヨモギ		
カワラヨモギ	キヅタ	キジムシロ	クサイチゴ	コバノチョウセンエノキ
サンショウ	シロダモ	ヤブレガサ	ヤブラン	ヤブニッケイ
ゼンマイ	ススキ			
トベラ	ホタルカズラ			
ナルコユリ	ナンテン	ネザサ	ノヒメユリ	
ハチク	ヒガンバナ	ミツバ	モモ	
ヨモギ	ワラビ			

ハチク林伐採後の植生の変化（2）

平成 24 年 4 月 28 日　　　単独 62　　累計 67
野焼き　23 年　平成 23 年 3 月
伐採前の調査日
ハチク以外に　27 種類

アキカアマツ	アマドコロ	アオキ	アカネ	アカツメクサ
アメリカセンダングサ	イヌヨモギ	イヌザンショウ	ウバユリ	ウシハコベ
エノキ	オカトラノオ	オトコヨモギ	オヘビイチゴ	
カセンソウ	カワラヨモギ	カラスビシャク	キキョウ	キランソウ
キジムシロ	キヅタ	クズ	クサイチゴ	コバノチョウセンエノキ
コメツブツメクサ		サンショウ	シハイスミレ	シロダモ
シャガ	シラン	シロツメクサ	ススキ	ゼンマイ
タラノキ	チゴユリ	ツワブキ	ツユクサ	ツチグリ
トベラ	ナルコユリ	ナンテン	ニラ	ノリウツギ
ノヒメユリ	ネザサ		ハチク	ハナヤスリ
ハコベ	ヒオウギ	ヒトリシズカ	ヒメウズ	ヒガンバナ
フキ	フユザンショウ	ホタルカヅラ		ミツバ
ミツバツチグリ	マムシグサ	モモ		ヤブレガサ
ヤブラン	ヤブニッケイ	ヤブカンゾウ	ヤマザクラ	ヨロイグサ
ヨモギ		ワラビ		

昭和天皇即位記念樹のサクラ

平尾台一の巨木であるエノキ。そばの猿田彦には天保5年と記されている

平尾台に自生するナシの巨木の花

戦後に入植した徳田明さんが植えたクリ

ハチク林伐採後の植生の変化（3）

平成 25 年 5 月 28 日　　単独 **112**　累計 **118**

ハチクの増加の原因について約 20 年前に、平尾台の他の場所のハチクが開花して、その種子が当該地に飛来して増加し植生が単純化した

伐採効果：平成 25 年 5 月 28 日 現在

伐採後の植生の特徴

1. 下記の表の種類が生育していた約 112 種
2. 種類がわからないものが数種あった（sp で示した以外に数種類，特記すべき植物は下記の通り）
   バイカウツギ、トンボソウ sp、ヤマハタザオ、アカネ、ノヒメユリ、ヒオウギ、フユザンショウ、ヒロハハナヤスリ、コバノチョウセンエノキ
3. ヤマザクラが約 50 本 発芽してきた
4. 伐採や焼却後によく出現する植物
   ヤマザクラ、ハゼ、ヌルデ、アカメガシワ、イヌザンショウ
5. 今後の予定
   ア、更なるハチクの伐採を行う
   　　伐採・野焼き後 2 年経過したが ハチクの萌芽が多い
   イ、主な伐採すべき外来種（3 種類）
   　　伐採後増加したもの…セイタカアワダチソウ、ヨウシュヤマゴボウ
   　　伐採後減少したもの…オオブタクサ

アケボノソウ	アマドコロ	アオキ	アカネ	アカツメクサ
アキカラマツ	アメリカセンダングサ	アカメガシワ	アケビ	イヌヨモギ
イヌザンショウ	イヌビワ	イヌマキ	イタドリ	ウシハコベ
ウツギ	ウバユリ	エノキ	オカトラノオ	オキナグサ
オトコエシ	オトコヨモギ	オオイヌノフグリ	オミナエシ	オヘビイチゴ
カセンソウ	ガガイモ	カノコソウ	カワラナデシコ	カワラヨモギ
カラスビシャク	カラスザンショウ	キキョウ	キケマン	キジムシロ
キヅタ	キツネアザミ	キランソウ	クズ	クサイチゴ
クマノミズキ	コオニユリ	コバノチョウセンエノキ	コメツブツメクサ	
サイハイラン	サイヨウシャジン	シオデ	シャガ	ジャケツイバラ
サンショウ	サルトリイバラ	シハイスミレ	シロダモ	シロヤマギク
シラン	シャガ	シロツメクサ	スイカズラ	ススキ
スミレ 1	スミレ 2	センボンヤリ	ゼンマイ	
タツナミソウ	タラノキ	チゴユリ	ツチグリ	ツユクサ
ツリバナ	ツワブキ	ツルウメモドキ	テリハノイバラ	トベラ
トンボソウsp				
ナルコユリ	ナワシロイチゴ	ナンテン	ニワトコ	ニラ
ヌルデ	ネザサ	ネムノキ	ノイバラ	ノダケ
ノヒメユリ	ノリウツギ			
バイカウツギ	ハチク	ハセノキ	ヒメウズ	ヒガンバナ
ヒロハハナヤスリ	ヒヨドリジョウゴ	フキ	フユザンショウ	ヘクソカズラ
ホタルカズラ				
マムシグサ	マルバハギ	ミツバ	ミツバツチグリ	ムラサキケマン
ヤブレガサ	ヤブラン	ヤブニッケイ	ヤブカンゾウ	ヤマザクラ
ヤマヤナギ	ヤマハタザオ			
ヤエムグラ	ヤナギアザミ	ヨツバムグラ	ヨモギ	ヨロイグサ
ワラビ	モモ	マムシグサ	マルバハギ	

第3章　平尾台の植物

ハチク林伐採後の植生の変化（4）

単独 202　　累計 227

伐 採 申 請　平成 25 年 6 月 28 日

アオキ	アカメガシワ	アカツメクサ	アカネ	アキカラマツ
アキノキリンソウ	アケボノソウ	アケビ	アマドコロ	アメリカセンダングサ
イタドリ	イボタノキ	イヌザンショウ	イヌビワ	イヌヨモギ
イヌマキ	イワガラミ	ウバユリ	ウシハコベ	ウツギ
ウツボグサ	ウド	ウマゴヤシ	ウラジロ	エノキ
エビネ	オカトラノオ	オカオグルマ	オガルカヤ	オキナグサ
オトコヨモギ	オトコエシ	オトギリソウ	オミナエシ	オニヤブソテツ
オモト	オヒシバ	オヘビイチゴ		
カセンソウ	カクレミノ	ガガイモ	カキラン	カワラヨモギ
カラスザンショウ	カラスウリ	カノコソウ	カワラナデシコ	カラスビシャク
カワラマツバ	キキョウ	キケマン	キジムシロ	キヅタ
キジカクシ	キセワタ	キランソウ	キンミズヒキ	キエビネ
キツネアザミ	クズ	クサイチゴ	クスノキ	クララ
クマノミズキ	クルマバナ	クルマムグラ	コオニユリ	コマツナギ
ゴマノハグサ	コシダ	コアカソ	コニシキソウ	コメツブツメクサ
コバノチョウセンエノキ				
サイハイラン	サイヨウシャジン	サラシナショウマ	サワヒヨドリ	サルトリイバラ
サンショウ	サンゴジュ	シオン	シオデ	シシウド
ジャケツイバラ	ジャノヒゲ	シマカンギク	シハイスミレ	シロヤマギク
シロダモ	シロツメクサ	シラン	シュンラン	スイカズラ
スイバ	ススキ	スベリヒユ	スミレ	センボンヤリ
ゼンマイ	センブリ	ソクシンラン	ソクズ	
タツナミソウ	タカサゴソウ	タラノキ	タイリンアオイ	チゴユリ
チヂミザサ	ツチグリ	ツユクサ	ツクシマムシグサ	ツルウメモドキ
ツルアジサイ	ツリバナ	ツワブキ	ツルボ	ツルキジムシロ
ツボクサ	テリハノイバラ	トベラ	トウジュロ	トンボソウsp
ナズナ	ナルコユリ	ナンテン	ナワシログミ	ナワシロイチゴ
ニガナ	ニラ	ニワトコ	ヌルデ	ネザサ
ネジバナ	ネズミモチ	ネムノキ	ノイバラ	ノコンギク
ノグワ	ノダケ	ノブドウ	ノヒメユリ	ノリウツギ
バイカウツギ	ヒガンバナ	ハコベ	ハゼ	ハチク
ハナヤスリ	ハバヤマボクチ	ハハコグサ	ハルリンドウ	ヒオウギ
ヒメウズ	ヒガンバナ	ヒゴタイ	ヒサカキ	ヒトリシズカ
ヒメレンゲ	ヒメユズリハ	ヒレアザミ	ヒメオドリコソウ	ヒロハハナヤスリ
ヒヨドリジョウゴ	ヒヨドリバナ	ビワ	フユザンショウ	フキ
フユイチゴ	フウロケマ	ヘクソカズラ	ホウチャクソウ	ホソバトウゲシバ
ホソバヤマハハコ	ホタルカズラ	ホトケノザ		
マムシグサ	マルバハギ	マンリョウ	ミズヒキ	ミツバアケビ
ミツバツチグリ	ミツバ	ミミナグサ	ムサシアブミ	ムベ
ムラサキケマン	メドハギ	メガルカヤ	メハジキ	
ヤマザクラ	ヤマアイ	ヤマヤナギ	ヤマフジ	ヤマグワ
ヤマハタザオ	ヤマハギ	ヤマラッキョウ	ヤマウツボ	ヤマジノギク
ヤマノイモ	ヤマジノホトトギス	ヤマアジサイ	ヤマビワ	ヤマブキ
ヤマムグラ	ヤブコウジ	ヤブツバキ	ヤブカンゾウ	ヤブムラサキ
ヤブレガサ	ヤブニッケイ	ヤブマオウ	ヤブラン	ヤエムグラ
ヤツデ	ヤクシソウ	ヤナギアザミ	ユズリハ	ヨツバムグラ
ヨロイグサ	ヨモギ			
ランsp	リョウブ	リンドウ		
ワラビ				

69

ハチク林伐採後の植生の変化（5）

単独 **48**　　累計 **332**

メダケ林伐採後植生　平成 26 年 5 月 28 日

アオキ	アカメガシワ	アカツメクサ	アカネ	アカザ
アキカラマツ	アキノキリンソウ	アケボノソウ	アケビ	アマドコロ
アメリカセンダングサ	イタドリ	イボタノキ	イヌザンショウ	イヌビワ
イヌヨモギ	イヌマキ	イヌナズナ	イワガラミ	ウシハコベ
ウツギ	ウツボグサ	ウド	ウバユリ	ウマゴヤシ
ウラジロ	エノキ	エビネ	エノキグサ	オニヤブソテツ
オオイヌノフグリ	オカトラノオ	オキナグサ	オカオグルマ	オヤマボクチ
オガルカヤ	オトコヨモギ	オトギリソウ	オヒシバ	オヘビイチゴ
オミナエシ	ヤブソテツ	オモト		
ガガイモ	カキラン	カクレミノ	カセンソウ	カタバミ
カキノキ	カニクサ	カノコソウ	カノコユリ	カラスビシャク
カラスザンショウ	カラスウリ	カワラヨモギ	カワラナデシコ	カワラマツバ
カワラケツメイ	カラスノエンドウ	カワミドリ	キエビネ	キキョウ
キケマン	キジムシロ	キジカクシ	キジョラン	キズタ
キセワタ	キツネアザミ	ギシギシ	キツリフネ	キランソウ
キンミズヒキ	キンラン	キリ	クサイチゴ	クサノオウ
クサニワトコ	クサギ	クサイ	クスノキ	クズ
クサネム	クマノミズキ	クルマバナ	クルマムグラ	クワクサ
クララ	コオニユリ	コアカソ	コシダ	コニシキソウ
コミカンソウ	コハコベ	ゴマノハグサ	コマツナギ	コマユミ
コバノチョウセンエノキ	コメツブウマゴヤシ	コメツブツメクサ	コモチマンネングサ	ゴヨウアケビ
サイハイラン	サイヨウシャジン	サルトリイバラ	サラシナショウマ	サワヒヨドリ
（サワギキョウ?)	サンショウ	サンゴジュ	シオデ	シオン
シシウド	シャガ	ジャケツイバラ	ジシバリ	シシガシラ
ジャノヒゲ	シマカンギク	シハイスミレ	シロヤマギク	シロダモ
シロツメクサ	シロザ	シロダモ	シロバナタンポポ	シュンラシ
シラン	シュロ	スイカズラ	スイバ	ススキ
スベリヒユ	センブリ	スミレ1	スミレ2	センボンヤリ
ゼンマイ	セイヨウタンポポ	セイタカアワダチソウ	ソクズ	ソクシンラン
タカサゴソウ	タカサゴユリ	タイヌビエ	タイリンアオイ	タツナミソウ
タラノキ	チゴユリ	チガヤ	チチコグサモドキ	チヂミザサ
ツチグリ	ツボクサ	ツボスミレ	ツメクサ	ツルマサキ
ツレサギソウ	ツルアジサイ	ツクシマムシグサ	ツチグリ	ツユクサ
ツバキ	ツルアリドウシ	ツルウメモドキ	ツルボ	ツルキジムシロ
ツリバナ	ツワブキ	（ツクシショウジョウバカマ)	テイカカズラ	テリハノイバラ
トウダイグサ	トウジュロ	ドクダミ	トキワガキ	トベラ
トンボソウsp	タイリンアオイ	タカサゴソウ	タツナミソウ	タラノキ

第3章　平尾台の植物

ナズナ	ナルコユリ	ナワシロイチゴ	ナワシログミ	ナンテン
ナンバンギセル	ニワゼキショウ	ニガナ	ニワトコ	ニラ
ニシキソウ	ニネジバナ	ヌルデ	ネコハギ	ネジバナ
ネズミモチ	ネザサ	ネムノキ	ノイバラ	ノグワ
ノジスミレ	ノヒメユリ	ノブドウ	ノコンギク	ノダケ
ノリウツギ	ノグワ			
バイカウツギ	ハコベ	ハエドクソウ	ハゼノキ	ハチク
ハナヤスリ	ハナイバナ	ハハコグサ	ハバヤマボクチ	ハルリンドウ
ハゼ	ヒオウギ	ヒガンバナ	ヒサカキ	ヒメシオン
ヒトリシズカ	ヒメオドリコソウ	ヒメイタビ	ヒメヒゴタイ	ヒメクグ
ヒメウズ	ヒメレンゲ	ヒロハハナヤスリ	ビワ	ヒメユズリハ
ヒヨドリバナ	ヒヨドリジョウゴ	ヒレアザミ	フウロケマン	フキ
ヘクソカズラ	フタリシズカ	フユイチゴ	フユザンショウ	フジ
ベニバナボロギク	ヘラオオバコ	ヘクソカズラ	ホソバトウゲシバ	ホソバヤマハハコ
ホタルカズラ	ホトケノザ	ホウチャクソウ		
マツヨイグサ	マムシソウ	マムシグサ	マルバハギ	マユミ
マンリョウ	ミズヒキ	ミツバアケビ	ミツバ	ミツバツチグリ
ミミナグサ	ミヤコグサ	ムサシアブミ	ムラサキカタバミ	ムラサキケマン
ムラサキシキブ	ムラサキセンブリ	ムベ	ムラサキツメクサ	メガルカヤ
メダケ	メドハギ	メハジキ	メヒシバ	モモ
ヤエムグラ	ヤクシソウ	ヤツデ	ヤナギアザミ	ヤブカンゾウ
ヤマアザミ	ヤマアジサイ	ヤマアイ	ヤマウツボ	ヤマキケマン
ヤマグワ	ヤマザクラ	ヤマジノギク	ヤマジノホトトギス	ヤマハタザオ
ヤマハギ	ヤマハゼ	ヤマフジ	ヤマハッカ	ヤマブキ
ヤマホトトギス	ヤマビワ	ヤマヤナギ	ヤマナシ	ヤマムグラ
ヤマノイモ	ヤマモモ	ヤマラッキョウ	ヤブイバラ	ヤブコウジ
ヤブレガサ	ヤブマオウ	ヤブラン	ヤブニッケイ	ヤブムラサキ
ヤマラッキョウ	ヤブマオ	ヤブカンゾウ	ヤブレガサ	ユキノシタ
ユズリハ	ユリワサビ	ヨウシュヤマゴボウ	ヨツバムグラ	ヨロイグサ
ヨメナ	ヨモギ			
ランsp	リョウブ	リンドウ		
ワラビ				

4月、早春の花であるホタルカズラ

5月に平尾台に咲くシラン

平尾台の夏をいろどるノヒメユリ

平尾台の植物園

千草台・小岳台の植物の分布状況・生育状況の記録

平成21年10月6日〜22年6月20日　作成・曽塚　孝

＊カルスト性植物分布域
50cm位の丈の低いネザサが生育
ススキ・カルガヤは少ない
植物の種類は多い

＊平尾台の植物の特徴
・多年生植物が多い
・開花期間が長い
・移植に強い

*カルスト残存種
(好石灰岩性種)
・絶滅危惧種
・氷河残存種
・大陸渡来種

＊定住種・・裸出カルスト地域どこにも生育する植物

アキカラマツ　アマドコロ　アカゾメ　エノキ　ウツギ
オカトラノオ　オトコヨモギ　オオガルカヤ　カセンソウ
キキョウ　キジムシロ　クサイチゴ　コバノチョウセンエノキ
クズ　コマツナギ　サイヨウシャジン　サルトリイバラ
シロヨメナ　ススキ　シロヨモギ　シハイスミレ　シャカゴケギ
スミレ　ススキ　タツナミソウ　チゴユリ　トベラ
ツチグリ　ソルソウメドキ　ツボスミレ　サイヨウシャジン
テリハノイバラ　ナルコユリ　ニガナ　ネザサ　ネムノキ
ノブドウ　ハバヤマボクチ　ヒヨドリバナ　ヒメヒオウギ
ヒメヨモギ　ヒナマツアゲ　ブタクサ　ホタルサイコ
マルバハギ　ミツバアケビ　ヤマハギ　ミシマサイコ　メドハギ
ムヨ　メガルカヤ　ヤマノイモ　ヤブハギ　ヨツバムグラ　ヨロイグサ
ヤマツルガヤ　ヤマノイモ

撹乱場所と植物

自然地滑り・工事跡などを好んで生育する植物が多い
オキナグサ　ムラサキセンブリ　オカオダマキ　カセンソウ
サイハイラン

根の形

ごぼう状の根　オキナグサ
サイヨウシャジン　塊状の根
キキョウ　ムラサキ塊根
コオニユリ　足状の根　リンドウ
ヤブレガサ　キジムシロ
横にはう根　オミナエシ　アカネ

撹乱場所と植物

然地滑り・工事跡などを好んで生育する植物が多い
オキナグサ　ムラサキセンブリ　オカオダマキ
カセンソウ　サイハイラン

発芽時期

開花時期が遅いと発芽時期が遅くなる
3月に発芽する植物
早春咲き〜5月に咲く植物
オキナグサ　ホタルカズラ　センボンヤリ
4月に発芽する植物
開花が晩春〜早夏の植物
カブラナデシコ
5月に発芽する植物
カセンソウ　ムラサキセンブリ　オミナエシ
リンドウ　イワギキキョウ
6月に発芽する植物
秋咲き野植物
ガガイモ　フナバラソウ

開花日数

開花期間の長い植物が多い
10日、時には1ヶ月
カノコソウ
次々開花する
ホタルカズラ

撹乱・裸出カルスト地域で限られて生育する植物

アカネ　アカバナソウ　アキノキリンソウ　イワギボウシ
ウメバチソウ　エビネ　フキ　オキナグサ　オモト
オミナエシ　オカオダマキ　カチラン　カセンソウ　クロマツ
カブラナデシコ　クララ　ゲンノショウコ　ガガイモ
カナビキソウ　キンラン　センブリ　キセワタ　ゲンノショウコ
サイハイラン　シオガマギ　シュンラン　スズサイコ
ソクシンラン　ジャケツイバラ　タイツリオウギ　ツチグリ
ツルラゴウ　ヒトリシズカ　フジバカマ?　ハナイカダ
ムラサキセンブリ　ヤブカンゾウ　ホンバノヤマハトロ
ムラサキセンブリ　フタバ　ミツバツチグリ
ムラサキキチア　リンドウ　ヤマスズシロ　ホトトギス
ヤマボウシ　ヤマハギ　ヤマハタザオ

株の移植　移植には時期を選べ

＊移植に弱い植物
採株時期は発芽してすぐ
数cm伸びないと見つけにくい
この時期新芽は移植に弱い時期
採集許可が降りてから採集した
土壌重機が進んでから移植した

＊移植へ当たりに対応する
鉢土を付けて移植
日陰に置く・すぐに水をかける
気温が20度以上になるとへたりやすい
採集後すぐに移植

種まき

採種は初冬、すぐ蒔いて巻いて越冬
発芽させる
採種時は発芽してすぐ
春、発芽させる
蒔いたら種子の上に薄く土を被せる
種子が飛ばないよう
オキナグサ　センボンヤリ
乾燥しないようにすると
発芽率は割りに高い

＊移植に強い植物

5月上旬
キキョウ　セリ科　ヤブレガサ
5〜6月
サイヨウシャジン　ハナヤスリ
5月中旬
ムラサキケマン　フタリシズカ
カセンソウ
6月上旬
オカオダマキ　オミナエシ　シオオヤマギク　ヒオウギ
イブキボウフウ　ソクシンラン　コバノチョウセンエノキ　アカネ
シソ科　コウゾリナ　ニガナ　ミツマタソウ
ヒヨドリバナ　ホトトギス　ヤマスズシロ

＊作業日数

	作業日数	累計
10月	9日	14日
11月	5日	23日
12月	9日	33日
1月	10日	41日
2月	8日	48日
3月	7日	52日
4月	4日	70日
5月	18日	70日
6月	20日	86日

第3章 平尾台の植物

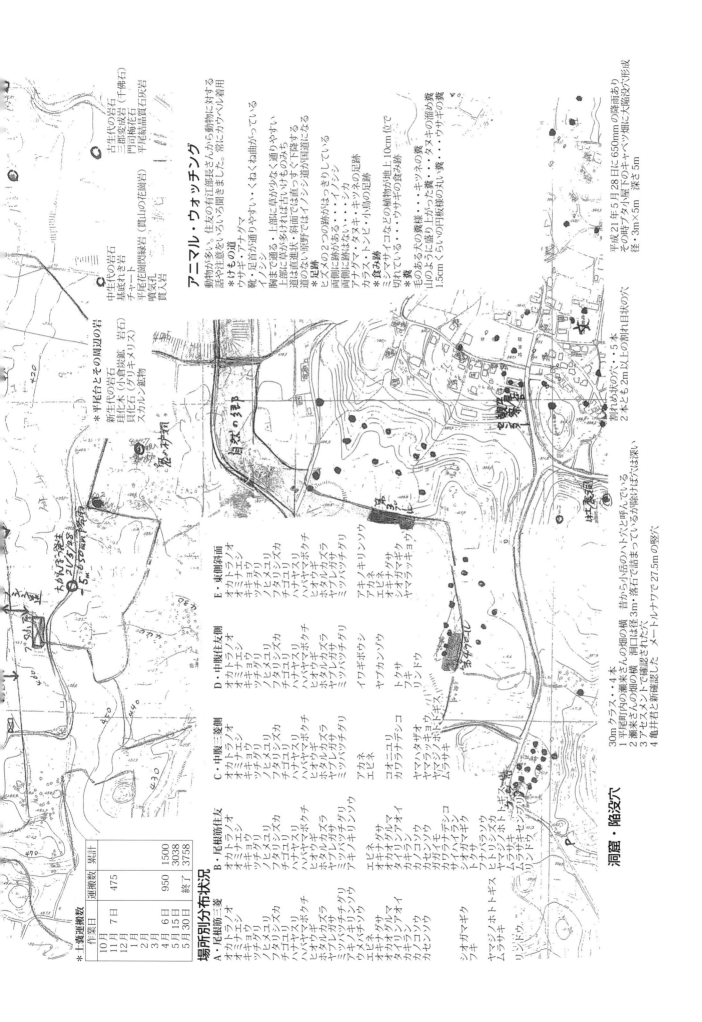

第3章　平尾台の植物

平尾台カルスト生態・植物園生育植物一覧

種名	科名	種名	科名
アオキ	ミズキ	オトコヨモギ	キク
アカネ	アカネ	オニタビラコ	キク
アカメガシワ	トウダイグサ	オニユリ	ユリ
アキグミ	グミ	オヘビイチゴ	バラ
アキノキリンソウ	キク	オミナエシ	オミナエシ
アキノタムラソウ	シソ	オモト	ユリ
アケビ	アケビ	カキラン	ラン
アマドコロ	ユリ	カセンソウ	キク
イヌビワ	クワ	カナビキソウ	カナビキソウ
イノコズチ	ヒユ	カノコソウ	オミナエシ
イノモトソウ	イノモトソウ	カワラナデシコ	ナデシコ
イボタノキ	モクセイ	キキョウ	キキョウ
イワギボウシ	ユリ	キクムグラ	アカネ
ウツギ	ユキノシタ	キジムシロ	バラ
ウツボグサ	シソ	キセワタ	シソ
ウド	セリ	キヅタ	ウコギ
ウバユリ	ユリ	キランソウ	シソ
ウマノアシガタ	キンポウゲ	キンミズヒキ	バラ
ウメバチソウ	ユキノシタ	クサイチゴ	バラ
ツルウメモドキ	モチノキ	クズ	マメ
ウラジロ	ウラジロ	コオニユリ	ユリ
ウラユキヤナギアザミ	キク	コスミレ	スミレ
ウリハダカエデ	カエデ	コパノタツナミソウ	シソ
エノキ	ニレ	コバノチョウセンエノキ	ニレ
エビネ	ラン	コマツナギ	マメ
オオジシバリ	キク	サイハイラン	ラン
オカオグルマ	キク	サイヨウシャジン	キキョウ
オカトラノオ	サクラソウ	サルトリイバラ	ユリ
オガルカヤ	イネ	サンショウ	ミカン
オキナグサ	キンポウゲ	シオガマギク	ゴマノハグサ
オグルマ	キク	シハイスミレ	スミレ
オトギリソウ	オトギリソウ	シマカンギク	キク
オトコエシ	オミナエシ	シャガ	アヤメ

74

第3章　平尾台の植物

種名	科名	種名	科名
ジャケツイバラ	マメ	ナガバタチツボスミレ	スミレ
ジャノヒゲ	ユリ	ナガバモミジイチゴ	バラ
シュロ	ヤシ	ナズナ	アブラナ
シュンラン	ラン	ナルコユリ	ユリ
シラヤマギク	キク	ナワシロイチゴ	バラ
シラン	ラン	ナワシログミ	グミ
シロダモ	クスノキ	ナンテン	メギ
シロバナタンポポ	キク	ニガナ	キク
ススキ	イネ	ヌルデ	ウルシ
スズサイコ	ガガイモ	ネコハギ	マメ
スズメノヤリ	イグサ	ネムノキ	マメ
スミレ	スミレ	ノアザミ	キク
セイヨウタンポポ	キク	ノコンギク	キク
セリ	セリ	ノダフジ	マメ
センブリ	リンドウ	ノヒメユリ	ユリ
センボンヤリ	キク	ノブドウ	ブドウ
ゼンマイ	ゼンマイ	ハバヤマボクチ	キク
センリョウ	センリョウ	ヒオウギ	アヤメ
ソクシンラン	ユリ	ヒゴタイ	キク
ダイコンソウ	バラ	ヒトリシズカ	センリョウ
タイリンアオイ	ウマノスズクサ	ヒメノダケ	セリ
タチツボスミレ	スミレ	ヒメハギ	ヒメハギ
タンキリマメ	マメ	ヒメヒゴタイ	キク
チゴユリ	ユリ	ヒメヨモギ	キク
チャノキ	ツバキ	ヒヨドリバナ	キク
ツクシショウジョウバカマ	ユリ	ヒロハハナヤスリ	ハナヤスリ
ツチグリ	バラ	フキ	キク
ツボスミレ	スミ	フタリシズカ	センリョウ
ツルボ	ユリ	フナバラソウ	ガガイモ
ツワブキ	キク	フユイチゴ	バラ
テリハノイバラ	バラ	ヘビイチゴ	バラ
トウダイグサ	トウダイグサ	ホソバノヤマハハコ	キク
トクサ	トクサ	ホタルカズラ	ムラサキ
トダシバ	イネ	ホトケノザ	シソ

75

種名	科名	種名	科名
マムシグサ	サトイモ	ヤブカンゾウ	ユリ
マユミ	ニシキギ	ヤブコウジ	センリョウ
マルバハギ	マメ	ヤブソテツ	オシダ
マンリョウ	センリョウ	ヤブミョウガ	ツユクサ
ミシマサイコ	セリ	ヤブラン	ユリ
ミツバ	セリ	ヤブレガサ	キク
ミツバアケビ	アケビ	ヤマアイ	トウダイグサ
ミツバツチグリ	バラ	ヤマジノギク	キク
ミヤコグサ	マメ	ヤマジノホトトギス	ユリ
ムベ	アケビ	ヤマハタザオ	アブラナ
ムラサキ	ムラサキ	ヤマハッカ	シソ
ムラサキケマン	ケシ	ヤマブキ	バラ
ムラサキシキブ	クマツヅラ	ヤマヤナギ	ヤナギ
ムラサキセンブリ	リンドウ	ユキノシタ	ユキノシタ
メガルカヤ	イネ	ヨツバムグラ	アカネ
メリケンカルカヤ	イネ	ヨモギ	キク
ヤクシソウ	キク	ヨロイグサ	セリ
ヤツデ	ウコギ	リンドウ	リンドウ
ヤドリギ	ビャクダン	ワラビ	コバノイシカグマ

ミツガシワ　氷河期を告げる化石

　池や沼地に生息する。

　第三紀の初め（古第三紀暁新世）に出現し、北極を取り巻くユーラシアと北アメリカの中・高緯度地域に分布する。

　日本では、東北地方では鮮新世に、近畿地方では洪積世の初頭に出現し、氷河時代を通して、九州から北の日本列島各地で栄えた。

　洪積世になって、気候が暖かくなって北方へ退いた。

　現在では暖温帯照葉樹林におおわれている地域に、氷河期のわすれかたみのように点々と存在する。

根茎と土壌環境

平尾台カルスト台地の植物の地下部分は想像以上に地下深くまで伸びている。

場所：こむそう穴・農道横の根茎と土壌環境
調査日：平成23年3月12日　記録者：曾塚　孝
植生：ネザサ草原
大気温度：18.7℃　土壌温度：　土壌高度：上層・黒色腐食質土
大気湿度：35%　土壌湿度：7.0　6.8　1199÷60＝19.983
下層・赤褐色質土
1239÷55＝22.527

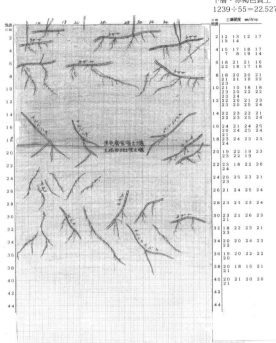

場所：こむそう穴・民家横の根茎と土壌環境
調査日：平成23年3月12日　記録者：曾塚　孝
草原：ネザサ草原
大気温度：13.9℃　土壌温度：13.9℃　土壌高度：上層・黒色腐食質土
大気湿度：40%　土壌湿度：40%　869÷52＝16.71
下層・赤褐色質土
1302÷75＝22.527

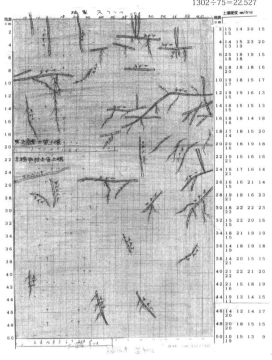

場所：木の戸洞・ドリーネの陥没穴の根茎と土壌環境
調査日：平成23年3月13日　記録者：曾塚　孝
植生：ネザサ草原
大気温度：17.1℃　土壌温度：17.1℃　土壌高度：中間層
大気湿度：39%　土壌湿度：39%　1242÷63＝19.714
下層・赤褐色土
1227÷61＝20.11

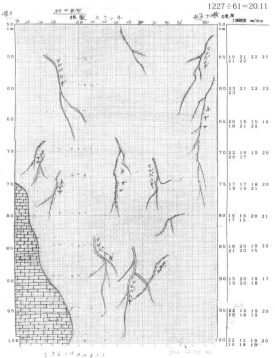

場所：牡鹿洞の地先100mの陥没穴の根茎と土壌環境
調査日：平成23年3月12日　記録者：曾塚　孝
草原：ネザサ草原
大気温度：　　℃　土壌温度：　　℃　土壌高度：上層・黒色腐食質土
大気湿度：　　%　土壌湿度：48%　690÷49＝15.08
土壌ph：5.8
下層・赤褐色土
1689÷107＝15.78

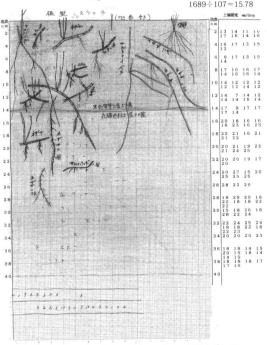

●参考文献

岡本省吾・北村四郎（1959）原色日本樹木図鑑（保育社の原色図鑑 19）、保育社

北九州市教育委員会（1973）：北九州市文化財調査報告書第13集　カルスト台地平尾台の植生とフロラ：平尾台植物調査報告書

福岡県植物友の会（1991）：カラーガイド福岡県の植物、葦書房

安原修次（2000）：平尾台花ガイド、ほおずき書籍

藤田一咲（2001）：絶滅危惧種を見に行く　滅びゆく日本の動物たち、マガジンハウス

片野田逸朗（2004）：九州・野山の花　花トレッキング携帯図鑑、南方新社

林弥栄監修・平野隆久写真（2005）：山渓ハンディ図鑑1　野に咲く花、山と渓谷社

平凡社（2009）：フィールド版　日本の野生植物　木本

尼川大録・長田武正（2011）：樹木（総合版）、保育社

福岡県環境部自然環境課（2011）：福岡県の希少野生生物―福岡県レッド　データブック2011　植物群落・植物・哺乳類・鳥類―、福岡県

川原勝征（2012）：九州の蔓植物、南方新社

畦上能力編・解説　門田裕一監修　永田芳写真（2013）：山渓ハンディ図鑑2　山に咲く花、山と渓谷社

趣味の園芸（2016）

第4章

平尾台の動物

第4章　平尾台の動物

　気候の変化や動物の食料の変化によって、平尾台の動物は変化してきた。大陸からの動物の移動や日本列島に沿った南北方向の動物の移動が生じた。平尾台で見られる過去の動物や現生の動物などが、石灰岩洞窟内などからも化石や遺物として発見される。移動量の少ない動物などの、平尾台の豊かな動物相も知られてきた。

平尾台の昔の動物

■マツガエサイ

　新門司と大阪をつなぐ阪急フェリーの門司側の港の近くに、松ヶ江というところがある。発掘調査を行った群馬県立自然史博物館の長谷川善和さんによると、今は造成されて石灰岩はないが、石灰岩塊があってそこに石灰岩洞窟ができていて、その洞窟のなかから多くの洞窟内堆積物が産して、そのなかにマツガエサイの化石が産したとのことである。

　今は石灰岩も、洞窟も全くなく、完全に造成されてしまっている。マツガエサイの化石の標本は、今は千葉県の歴史博物館に収められているそうだ。

■ステゴドンゾウ

　青龍窟から歯が1本産した。最初、何の歯かわからず、いろいろ議論された。今は北九州市立のいのちのたび博物館に収まっている。長鼻目ゾウ科、おもに第四紀更新世〜更新世中期、東〜南アジアに分布していたステゴドンゾウの幼体の歯であった。

■ナウマンゾウ

　平尾台の洞窟から、ナウマンゾウの歯が産した。どの歯も、おもしろく不思議なことに、満1歳くらいのごく若いものばかりであった。

　平尾台の石灰岩洞窟の不動洞でも、目白洞でも、青龍窟などでも、産するのは皆若いナウマンゾウの歯であった。

　おそらく、若い個体が誤って洞窟に落ちたのか、洞窟の入口が小さいので、若い個体しか通れなかったのか、などの理由が考えられた。いずれにしても、かつては平尾台には多くのナウマンゾウがいて、それが見つかった。

　長鼻目ゾウ科、第四紀更新世中期〜後期、約30万〜2万年に生息のものであった。

■平尾台の洞窟から調査していて見つかったもの

　中央アジアに現れたヤベオオツノジカの、肩甲骨が見つかった。

　ちょうど、山口県秋吉台などからも、ヤベオオツノジカの骨格が発見された。骨格の復元をすることになったが、各地のものをオス・メス、年齢を取り混ぜて一頭分のオスの個体を復元したと長谷川善和さんは言う。

　平尾台産の目白洞から肩甲骨も参考にされた。復元個体は、秋吉台の科学博物館に展示されてい

ナウマンゾウの第2臼歯

る。

　同じく青龍窟からなど、モウコノウマ発見の新聞報道があった。直良信夫さんや道下哲也さんらが発見したと、載っていた。

■ニホンオオカミ

　平尾台のニホンオオカミは、人参窪第一洞で1個体と、こむそう穴で2個体が発見された。発見したのはKCCである。

　人参窪第一洞は、平尾台の中央凹地ウバーレの森林のあるところに洞口が開いていて、洞窟が深い井戸状で、洞窟の底までの高度差は62mの大きな井戸状の竪穴だ。洞口はおよそ10m幅で、洞窟の底の広さはおよそ20㎡で、途中には大きなテラスもないズン胴形の洞窟である。

　洞窟の底からは多くの動物の化石が見つかり、ニホンオオカミやニホンカワウソの化石が見つかった（未発表）。人参窪第一洞からは、まだ貴重な化石が産出するだろう。ただ、この洞窟は深い。

　平尾台で産したニホンオオカミの3個体は、日本古生物学会で群馬県立自然史博物館の長谷川善和さんが、日本洞窟学会では曾塚孝が発表し、群馬県立自然史博物館の2004年の報告書に報告した。

　ニホンオオカミの3個体の標本は、標在は北九州市立自然史歴史博物館（いのちのたび博物館）に収められていて、展示もされている。

■ニホンカワウソ

　ニホンカワウソは、昔、日本各地に多数住んでいた。

　その化石は、山口県の秋吉台の石灰岩洞窟内堆積物からほぼ一体分産している。

　平尾台でも、牡鹿洞（長谷川善和・1964）や

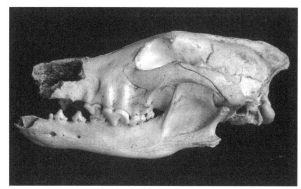

ニホンオオカミ　平尾台で最大　日本で最大の個体の頭骨

人参窪第一洞（曾塚孝・未発表）から、見つかっている。

　ニホンカワウソは名前のように、その生活には常に流水のある河川があり、餌になる小動物のネズミやモグラ、カニ、トカゲ、サカナなど生息している環境が必要だ。

　カルスト台地の平尾台には、現在では地表には河川が見つからない。かつてはニホンカワウソや魚のエノハが生息することのできる水場があったようだ。私も、草本類がまだ生えていない春の山焼きの後に、数cm大の礫岩を平尾台で発見したことがある。

　現在でも、流水のある短い河川で、礫岩の分布を捜してみた。平尾台の中央低地の東側で、地表部分に円礫が見つかり、また円礫の種類なども調べた。かなりの流水があったことが確認できたが、しかしニホンカワウソが生息していたような環境があったことを確認できたわけではなかった。

　牡鹿洞窟調査をした長谷川善和さんによれば、かつて牡鹿洞から出土したニホンカワウソの化石は、現在は東京上野の国立博物館に収められているそうだ。

■人参窪の手榴弾

　人参窪第一洞では、人骨やニホンオオカミを発

掘した際に、戦時中の軍隊の演習で使用されていた洞窟に落ちた手榴弾を見つけた。バケツに水を入れて持ち出して、警察に持っていった。

平成27（2015）年9月に、こむそう穴の調査を行った。ニホンオオカミの骨格が少し見つかった。そのときも猟銃の弾がたくさん見つかった。禁漁区の平尾台で使用したのかもしれないが、洞窟のなかに、十数個放置されていたが、幸いなことに事故はなかった。これも警察に届けた。

■人参窪第一洞の人骨

人参窪第一洞からは、砂礫のなかから人骨が見つかり、九州大学人類学教室の永井晶文さんも入洞して、人骨の産出状況を調査した。それによると、人骨は縄文から弥生時代のもので、ほぼ一体分が産出した。

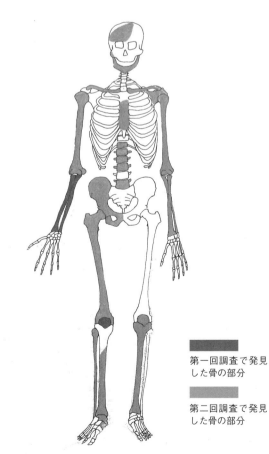

人参窪第一洞の人骨

■平尾台で土器

平尾台の草原のなかで、一生懸命に何かを探している人たちがいた。しばらくすると、石器の破片を見つけていた。こういった化石や縄文時代の石器や土器の破片などは、新しく作られることがないので、無闇に、個人的に持ち帰らないようにお願いしたい。

平尾台の今の動物

■ニホンザル

平尾台からおよそ6kmほど南にある香春岳に、ニホンザル100頭以上の群れが生息していた。このニホンザルが移動をするようになったのは、香春岳の麓の神社で餌付けをしていた人が、高齢になって餌付けを中断したためである。その後、餌を求めてサルは移動をして、平尾台にもやって来たのだ。

今のところ、平尾台の台上の草原にはやって来ていないが、平尾台登山道路のガードレールに腰をかけて、通行人を眺めている。通行人のほとんどは車を利用しているので、今のところ被害はない。ガードレールの上で眺めているのは、おそらくボスザルだろう。

平尾台の周辺の、麓の民家のサルによる被害は大変だ。畑に来たり、庭木の柿を取ったり、ときには家のなかに入ってきたりもする。どうやら、平尾台の麓の森林地帯を移動しているようだ。

今のところ、台上の畑や人家に被害はないので安心だと、平尾町内の人は話している。

牡鹿洞の入口の竪穴には、獣骨殿の名がついたところがあって、多くの化石が採集された。

最初の調査に携わった長谷川善和さんによる

第4章 平尾台の動物

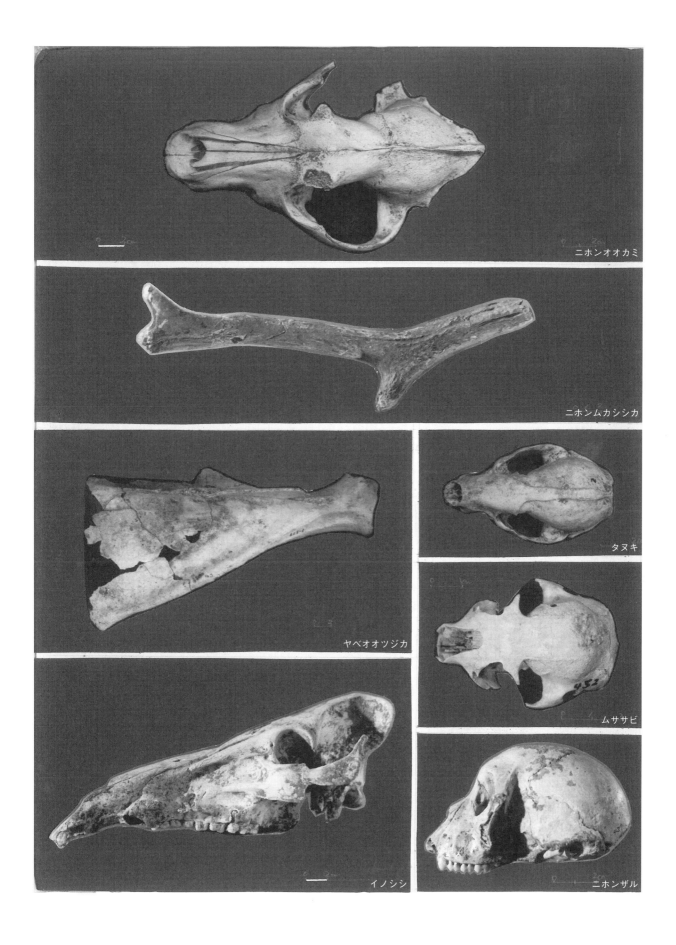

83

と、サルの骨が多数見つかり、「なぜこんなに多いのか、これは異常だ」と言っていた。

■イノシシ

平尾台にはイノシシが多い。ちょっと歩くと、足跡や糞が見つかる。また、畑の周辺のミミズの多いところでは、土を掘り返している。平尾台登山道では、よく朝夕の暗い頃に、イノシシの子どものウリボウに出会える。イノシシは、道路の横の草のあるところから、様子を伺っている。通るときは、道路を横断するように走る。

あるとき、車に乗っていたら、吹上峠の横で母親1頭にウリボウ5頭が歩いている姿を見つけた。そのときは写真を撮る暇もなく姿を隠してしまった。

平尾台山神社や水場の帰り水の近くで、イノシシの「寝巣（ねず）」が見つかる。林の間の小規模なススキ草原や畑の横の農道で、よく見かける。高さが1mばかりで、大きな入口を持ち、両側からススキを倒して編むように組んでいる。

人が巣山に乗るとつぶれるんだと、平尾台の町内の壹岐尾憲文さんは話してくれた。山神社近くで、巣穴や寝巣を見つけることができるが、危険なのであまり近寄らないでいただきたい。

平尾町内の瀬来芳道さんの話では、イノシシが

平尾台で見かけるイノシシの寝巣（ねず）

子どもを産むための「産巣（ウミス）」は寝巣よりも大きく高さは2m近くあるという。それは平尾台の龍ヶ鼻で見つけたという。竹や木で作られていて、人が乗ってもつぶれないくらいの丈夫なものだそうだ。

イノシシの子どもは、平尾台に多いカラスやトンビによく襲われるらしく、産巣の丈夫さはカラスなどの鳥害に対応できるようになっているようだ。龍ヶ鼻はセメント会社内で禁猟区になっていて、一般の人は立ち寄れない場所である。

最近のイノシシは、平尾台だけでなく、各所の野生のイノシシでもブタとの交雑が起こっていて交雑種は腰の形が少し変わってきている。

近縁種との交雑は、イノシシだけでなく、平尾台の野生のニホンキジでも見つかっている。

また、近縁種と交雑は、動物だけでなく平尾台の植物のサギソウでも生じている。意図的に、栽培種のサギソウを平尾台で植えている人もおり、これには困ったものである。

九州のジオパーク候補の1つに、熊本県天草諸島の1つの御所浦島がある。この島の皆さんが、何回も海を泳ぎ渡るイノシシやシカを見たと言っている。熊本県南部の芦北町と御所浦島とは、およそ10km離れており、この距離をイノシシが泳いで渡るそうだ。

平成27（2015）年10月20日前後にNHKのニュースでイノシシやシカが、海を泳いで渡るというニュースがあった。ニュースによれば、動物が泳ぐ時期は秋が多いそうだ。御所浦島では、泳ぐ季節は聞かなかったが、イノシシなどの大型の動物が、海を泳ぎ渡ることがわかった。

千仏鍾乳洞近くの森林で見つかるイノシシは、大きく80kg以上だと千仏鍾乳洞主の古田唯彦さんは言う。イノシシは30kgくらいが、食べごろだと言われている。

英彦山近くの猟師によると、猟後のイノシシを

車に積んでおくと、ダニが多いので後が大変だということである。シカも同じだという。

■キツネ

平尾台にキツネがいた。キツネの寿命はイヌと同じ10年前後である。飼いイヌは、8年くらいか15年くらいの寿命なので、野生になったイヌの寿命も10年ほどだと思われる。

野生のキツネの寿命も、同じくらいだと考えられる。平尾台では、キツネは昭和年代では、糞が見つかったり、姿や鳴き声が観察されていたと平尾台の住人から聞いた。私も牡鹿洞横のドリーネのある森林地帯で観察した。

しかし、平成になってからは15年以上も、姿や鳴き声や糞は観察されていない。平尾台には、もういないのかもしれない。

■ニホンシカ

平尾台の南方にある英彦山地には、野生のニホンシカが生息している。野生のニホンシカが、山をつたって南方の平尾台まで来ている。

平尾台の南方から移動してくるが、急峻な龍ヶ鼻とセメント会社のフェンスがあるので、ニホンシカは今のところ平尾台の集落内には入ってこられない。

しかし、最近では平尾台のセメント会社内で、大規模な工事が行われているせいか、フェンスそばの平尾台自然の郷の正門近くで、ニホンシカを見かけたという話が出ている。

もし、ニホンシカが平尾台町内にまで入る道を覚えると、今後大変になる。野生のニホンシカは大きく角もりっぱで、体重は80kg以上だと、足跡から推定できる。

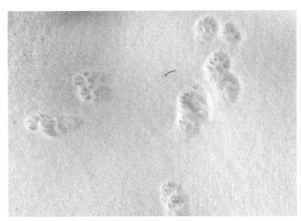

ウサギの足跡

■ニホンアナグマ

台上に古くから住んでいる人は、若いときにアナグマを捕まえて食用にしていたそうだ。タヌキ汁ならぬアナグマ汁だ。タヌキはおいしくないが、アナグマはおいしいそうだ。

壹岐尾憲文さんが幼少の頃、平尾台にはアナグマが多く、捕まえて食していたそうだ。しかし、最近は、その機会も少なくなったと言う。たしかに最近ではアナグマも見かけられなくなった。とはいうものの、ドリーネの底で寝転んで見ていると、アナグマの獣道が見つかる。

山口県の秋吉台で調査に参加したときに、交通事故にあったばかりのアナグマを捕まえてきた館員がいて、アナグマをみそ汁にした。これは大変おいしかった。秋吉台でもタヌキ汁ではなく、アナグマ汁だった。

■エノハ

平尾台の台上から千仏鐘乳洞への道の横に、エノハ淵というドリーネ状の岩窪があって、常に水が溜まっている。その地の名前のごとく、水溜まりにはエノハが泳いでいた。

エノハは10cmくらいの大きさになる川魚で、カワマスのことである。私も戦後の昭和30

（1955）年頃に、エノハ淵で泳いでいるのを見たことがあるが、昭和35（1960）年頃には見つからなくなった。

■マムシ

平尾台のマムシは、湿気の多いところによく住んでいる。光水洞横の光水岩溝に入ったとき、深さ10mばかりの光が当たる洞底に数匹のマムシがトグロを巻いていた。

また、春の野焼き（昔は山焼きという）のときに、追われたウサギやイタチをよく見たものである。草原のなかから、飛び出してくるのをよく見かけた。

■コキクガシラコウモリ

目白洞に、はじめて入ったときのことだ。今の洞口の横に小さなドリーネがある。その底は、大きな岩石が詰まっていた。というよりも、ドリーネの底と、目白洞がつながっているのだ。目白洞への通路はごく狭く、やっと通れるすき間を抜けると、目白洞の天井付近に出る。天井付近から岩をつたって下に降りると、天井は10㎡の平天井だった。その天井にビッシリとコキクガシラコウモリがぶら下がっていた。本当に見事なコウモリの大集団であった。その数か月後に訪れたら、目白洞は工事をしていて、われわれが入ったところの横に立派な洞口ができていた。そして、あのコ

キクガシラコウモリの大集団は、居なくなっていた。

コキクガシラコウモリは、平尾台の洞窟では大変多く観測されている。現在でも、光水洞、牡鹿洞、千仏鍾乳洞、目白洞、青龍洞など多くの洞窟で見つかる。

■ガマガエル

多くの洞窟では、ガマガエルが生きているのがよく観察される。薄暗い洞窟のなかで、よく見つかるのだ。餌としてのミミズや昆虫が多いので、生きのびているのかもしれない。

■その他の動物

本村から中峠を越えると広谷湿原に行き着く。オオミズゴケは、広谷湿地のそこここに生えている。一般に、ミズゴケは寒冷地の植物である。九州では九重高原の高地にある坊がつる高原に、多くの種類のミズゴケがある。

平尾台のような300mくらいの海抜高度で、多くのオオミズゴケがあるのは珍しいことである。かつての寒冷期の名残だが、カルスト台地には珍しく、湿原と泥岩層が存在する。土地の人は、ここに、かつては氷室をいくつも築いていた。

広谷湿原には、ゲンゴロウやアカハライモリやカワニナなどが住んでいて、最近までは、ハッチョウトンボも住んでいた。

平尾台を代表する化石

分類	和 名			
洞窟堆積物などから産出	ヤベオオツノジカ	ナウマンゾウ	トウヨウゾウ	ケンシトラ
	ニホンムカシシカ	ニホンオオカミ	ノイヌ	ニホンカワウソ
	サル	キツネ	アナグマ	ウサギ
	ニホンシカ	イノシシ	サイ	アナグマ
	モウコノウマ	コウモリ類など		

平尾台に生育する稀少な動物について

和名	概要	平尾台の絶滅危惧種	日本の絶滅危惧種
アナグマ	ほ乳類	平尾台の貴重種	
ウサギ	ほ乳類		
オオツノジカ	ほ乳類　化石	平尾台の絶滅種	
カヤネズミ	ほ乳類	平尾台の貴重種	
キツネ	ほ乳類		
ケンシトラ	ほ乳類　化石	平尾台の絶滅種	
ナウマンゾウ	ほ乳類　化石	平尾台の絶滅種	
ニホンシカ	ほ乳類	平尾台の貴重種	
ニホンオオカミ	ほ乳類　化石	平尾台の絶滅種	絶滅種
ニホンカワウソ	ほ乳類　化石	平尾台の絶滅種	絶滅危惧種
ニホンサル	ほ乳類	平尾台の貴重種	
ニホンムカシシカ	ほ乳類　化石	平尾台の絶滅種	
ホンドモモンガ	ほ乳類　記録アリ	平尾台の貴重種	希少
マツガエサイ	ほ乳類　化石	平尾台の絶滅種	
モウコノウマ	ほ乳類　化石	平尾台の絶滅種	
チョウゲンボウ	鳥類	平尾台の貴重種	
ヨタカ	鳥類	平尾台の貴重種	
ジョウビタキ	鳥類	平尾台の貴重種	
アオジ	鳥類	平尾台の貴重種	
カワラヒワ	鳥類	平尾台の貴重種	
イモリ	両生類	平尾台の貴重種	
カスミサンショウウオ	両生類　記録アリ	平尾台の絶滅危惧種	危急種
ドジョウ	魚類	平尾台の貴重種	
アマビコヤスデ	節足動物	平尾台の貴重種	
アナガミオオコケカニムシ	節足動物　洞窟群	平尾台の絶滅危惧種	
ウエノトビムシモドキsp	節足動物　洞窟群	平尾台の絶滅危惧種	
オオウラギンヒョウモン	節足動物	平尾台の貴重種	
ギョウトクテントウムシ	節足動物	平尾台の絶滅危惧種	
コタナグモsp	節足動物　洞窟群	平尾台の絶滅危惧種	
シマゲンゴロウ	節足動物	平尾台の貴重種	
センブツヤスデ	節足動物　洞窟群	平尾台の絶滅危惧種	
タイコウチ	節足動物	平尾台の貴重種	
ツツガタメクラチビゴミムシ	節足動物　洞窟群	平尾台の絶滅危惧種	

和名	概要		平尾台の絶滅危惧種	日本の絶滅危惧種
トピクチノコギリヤスデ	節足動物	洞窟群	平尾台の絶滅危惧種	
ハッチョウトンボ	節足動物		平尾台の絶滅危惧種	
フトカマドウマ	節足動物	洞窟群	平尾台の絶滅危惧種	
ホソヨツメハネカクシ	節足動物	洞窟群	平尾台の絶滅危惧種	
ホラヒメグモsp	節足動物	洞窟群	平尾台の絶滅危惧種	
ホラアナコガネムシ sp	節足動物	洞窟群	平尾台の絶滅危惧種	
マダラカマドウマ	節足動物	洞窟群	平尾台の絶滅危惧種	
ミズカマキリ	節足動物		平尾台の貴重種	
ムカシトンボ	節足動物		平尾台の絶滅危惧種	
メクラヨコエビ	節足動物	洞窟群	平尾台の絶滅危惧種	
ヤマトタマヤスデ	節足動物		平尾台の貴重種	
ユウレイトビムシ sp	節足動物	洞窟群	平尾台の絶滅危惧種	
ヨリメグモ	節足動物	洞窟群	平尾台の絶滅危惧種	
リュウガトゲトビムシ	節足動物	洞窟群	平尾台の絶滅危惧種	
ソメワケシロマイマイ	軟体動物	陸産貝類	平尾台の貴重種	
ツクシゴマガイ	軟体動物	陸産貝類	平尾台の貴重種	
チクヤケマイマイ	軟体動物	陸産貝類	平尾台の貴重種	
ナカヤママイマイ	軟体動物	陸産貝類	平尾台の貴重種	
ブンゴギセル	軟体動物	陸産貝類	平尾台の貴重種	
ベッコウオナジマイマイ	軟体動物	陸産貝類	平尾台の貴重種	
ヤマタニシ	軟体動物	陸産貝類	平尾台の貴重種	
レンズガイ	軟体動物	陸産貝類	平尾台の貴重種	

平尾台観察センター・視覚資料（動物）

記録　曾塚孝　　1999 年 10 月 18 日　　参考資料：福岡県植物誌

平尾台の動物リスト

分類	和　　名	確認場所	その他
ほ乳類	コウベモグラ	広谷新設道路路	曾塚
	キュウシュウノウサギ	茶ケ床・山焼きで避難を目認	曾塚
		登山道18番カーブ再度目認	
	アカネズミ	無塩ケ鉢近くの畑	曾塚
	ヒメネズミ		
	カヤネズミ	馬の背台　広谷　平尾台各所で発見	曾塚
	ハタネズミ		
	ネズミsp		
	キュウシュウヒミズ		
	ニホンザル	高津尾で親子2頭	曾塚　樋口輝己
	キツネ	足跡・広谷	曾塚
	イタチ	無塩ケ鉢のドリーネ	曾塚
	タヌキの糞	広谷、目白洞、三菱	曾塚
	モグラの巣穴	広谷 、広谷北部に多数	曾塚
	ニホンイノシシ	広谷新設道路に足跡	曾塚
		広谷湿地に足跡	曾塚
		足跡・広谷	曾塚
	ニホンシカ	平成11年10月に平尾台の人が数人・	
		数日にわたって7号目付近で確認	
	ユビナガコウモリ		
	キクガシラコウモリ		
	コキクガシラコウモリ	目白洞　千仏　青龍　光水洞　牡鹿洞　不動洞	
鳥類	トンビ	山焼きで多数避難する。多数通年定住	曾塚
	チョウゲンボウ		記録アリ
	コジュケイ	平尾台・普通・1羽観	
		鍛治・福岡県の野鳥集	
	キジ	竹原さん横ドリーネ♂	
		テリトリー18個所確認、テリトリーは約100m間隔	曾塚　前田伸一ガイド
	ジュウイチ	平尾台・夏鳥・1羽観・鳴・福岡県の野鳥集	森本他
	ホトトギス	茶ケ床・目白洞周辺・三笠台・無塩鉢	曾塚　前田伸一ガイド
	カッコー	茶ケ床・目白洞周辺・三笠台・無塩鉢・広谷湿池	曾塚
	ヨタカ	平尾台・福岡県の野鳥集観・鳴声	岡田
			前田伸一ガイド
	ハイタカ		前田伸一ガイド
	カシラダカ		前田伸一ガイド
	ヒバリ	茶ケ床・かがり火盆地・三笠台・無塩鉢・広谷湿池	曾塚　前田伸一ガイド

鳥類	ツバメ	中峠・平尾台センター	曾塚
		平尾台センター	曾塚
	コゲラ	広谷湿池	曾塚　前田伸一ガイド
	ビンズイ	平尾台・冬鳥・普通・1羽観：760219鍛治・福岡県の野鳥集	
	ジョウビタキ		記録アリ
	ツグミ		記録アリ　前田伸一ガイド
	ウグイス	2月～6月例年多数	曾塚　前田伸一ガイド
	セッカ	平尾台・繁殖・1羽観・福岡県の野鳥集	岡田 前田伸一ガイド
	シジュウカラ	茶ケ床・目白洞周辺・かがり火盆地・三笠台・無塩鉢・広谷湿池	曾塚　前田伸一ガイド
	メジロ	広谷湿池	曾塚
	ホオジロ	広谷湿池	曾塚　前田伸一ガイド
	ミヤマホオジロ		前田伸一ガイド
	ホオアカ	平尾台・繁殖・20羽観写巣卵ふ 福岡県の野鳥集	曾塚　岡田他 前田伸一ガイド
	アオジ		記録アリ 前田伸一ガイド
	マヒワ	平尾台・冬鳥・やや少ない・40羽観 福岡県の野鳥集	鍛治
	カワラヒワ		記録アリ
	スズメ	平尾台盆地	曾塚
	ハシブトカラス	多数通年定住	曾塚　前田伸一ガイド
	イカル		前田伸一ガイド
	ベニマシコ		前田伸一ガイド
	カッコウ		前田伸一ガイド
	モズ		前田伸一ガイド
	ノビタキ		前田伸一ガイド
	平尾台で観察されると予想される野鳥 サシバ、ノスリ、ウズラ、ヤマドリ、キジバト、ハシボソカラス、ツバメ、ヒヨドリ、モズ、ニュウナイスズメ、ムクドリ		
爬虫類	ヤマカガシ	広谷溜池　その他	曾塚
	マムシ	大岩穴　その他	曾塚
	トカゲ	分校前駐車場	曾塚
	カナヘビ	広谷溜池・湿地・平尾台に広く生息	曾塚
	ヤモリ	分校前駐車場・平尾台センター	曾塚
両生類	イモリ	広谷溜池	曾塚
		広谷人工水路落ち口	曾塚
	サンショウウオ	現在広谷で確認できず	
	アカガエル	広谷人工水路下湿地	曾塚

両生類	シュレーゲルアオガエル	広谷人工水路下湿地	曾塚
		広谷湿地全域	曾塚
		神社横の人家の池	曾塚
		塩坪の穴の前	曾塚
		塩坪の穴の前の水槽	曾塚
	泡状卵塊	広谷木道掲示板前	曾塚
			卵はクリーム色
	アカガエル	広谷	曾塚
	アマガエル	広谷溜池	曾塚
		広谷人工水路下湿地	曾塚
	ツチガエル	広谷木道掲示板前	曾塚
	ジオタマジャクシ	広谷人工水路落ち口	曾塚
		広谷下の人工池	曾塚
	ドジョウ	広谷人工水路落ち口	曾塚
蛛形類	ヨリメグモ	千仏鍾乳洞・芳ケ谷洞、洞窟内外本県新記録	山岡・無脊椎動物誌
	オオシロカネグモ	羊群原・神社	山岡・無脊椎動物誌
	シャコグモ	羊群原	山岡・無脊椎動物誌
甲殻類	サワガニ	広谷	山岡・無脊椎動物誌
		広谷人工水路落ち口	曾塚
		広谷掲示板前水路	曾塚
		広谷人工水路下湿地	曾塚
	ニッポンヨコエビ	広谷・カワ帰り水	山岡・無脊椎動物誌
		広谷溜池、広谷湿地、光水洞、滝不動、不動洞、千仏鍾乳洞、芳ケ谷	曾塚
		広谷人工水路落ち口	曾塚
		広谷掲示板前水路	曾塚
		広谷人工水路下湿地	曾塚
	メクラヨコエビ	千仏鍾乳洞	
	アナガミオオコケカニムシ	青龍窟	
	トビクチノコギリヤスデ	洞窟群・特産種	山岡・無脊椎動物誌
唇脚類	ゲジ	青龍窟・牡鹿洞	曾塚
軟体動物	カワニナ	広谷	山岡・無脊椎動物誌
		広谷人工水路落口	曾塚
	ツクシマイマイ	龍ケ鼻	山岡・無脊椎動物誌
	ナミギセルガイ	龍ケ鼻	山岡・無脊椎動物誌
		市丸	高橋・福岡県産貝類目録
	ヤマタニシ	平尾台	高橋・福岡県産貝類目録
		県内各地	
	ミジンヤマタニシ	平尾台	高橋・福岡県産貝類目録
		県内各地	
	ズキガイ	平尾台	高橋・福岡県産貝類目録
	ピルスブリムシオイ	平尾台	高橋・福岡県産貝類目録
	ヒダリマキゴマガイ	平尾台	高橋・福岡県産貝類目録

軟体動物	ツクシゴマガイ	平尾台	高橋・福岡県産貝類目録
		石原町側の中腹に多い	
	キュウシュウゴマガイ	平尾台	高橋・福岡県産貝類目録
	ケシガイ	平尾台	高橋・福岡県産貝類目録
	キセルガイモドキ	平尾台	高橋・福岡県産貝類目録
	ミゾシタギセル	平尾台	高橋・福岡県産貝類目録
	シリオレギセル	平尾台	高橋・福岡県産貝類目録
	ブンゴギセル	平尾台	高橋・福岡県産貝類目録
	ナミギセル	平尾台	高橋・福岡県産貝類目録
	シイボルトコギセル	市丸	高橋・福岡県産貝類目録
	オカチョウジガイ	平尾台	高橋・福岡県産貝類目録
	ホソオカチョウジガイ	市丸	高橋・福岡県産貝類目録
	ヤマナメクジ	羊群原	山岡・無脊椎動物誌
		市丸	高橋・福岡県産貝類目録
	カサキビ	平尾台	高橋・福岡県産貝類目録
	ヒゼンキビ	平尾台	高橋・福岡県産貝類目録
	キビガイ	市丸	高橋・福岡県産貝類目録
	ヤクヒメベッコウ （ヤクシマヒメベッコウ）	市丸	高橋・福岡県産貝類目録
	マルシタラガイ （ヤクシマシダラ）	平尾台	高橋・福岡県産貝類目録
	ウラジロベッコウ	平尾台	高橋・福岡県産貝類目録
	タカハシベッコウ	平尾台	高橋・福岡県産貝類目録
	コベソマイマイ	市丸	高橋・福岡県産貝類目録
	シメクチマイマイ	平尾台	高橋・福岡県産貝類目録
	フリイデルマイマイ	平尾台	高橋・福岡県産貝類目録
	チクヤケマイマイ	平尾台	高橋・福岡県産貝類目録
	ソメワケシロマイマイ	平尾台	高橋・福岡県産貝類目録
	ベッコウオナジマイマイ （コハクオナジマイマイ）	平尾台	高橋・福岡県産貝類目録
	ウスカワマイマイ	平尾台	高橋・福岡県産貝類目録
	クチマガリスナガイ	平尾台	高橋・福岡県産貝類目録
	レンズガイ	市丸	高橋・福岡県産貝類目録
	ナカヤママイマイ	西側山麓・本県特産種	山岡・無脊椎動物誌
		平尾台	高橋・福岡県産貝類目録
環形動物	フツウミミズ	広谷溜池	曾塚
		広谷・カワ帰り水	山岡・無脊椎動物誌

平尾台の生物　広谷湿地　　5月15・16・17日

	場　所		和　　　　名		
水辺	人工水路落ち口	オタマジャクシ サワガニ	オグマサナエ(トンボ) シオヤトンボ	カワニナ ヤゴ2sp	ヨコエビ ミズスマシ
	人工水路下湿地	アカガエル シマゲンゴロウ カワトンボの仲間	アマガエル アメンボ ヨコエビ	シュレーゲルアオガエル サワガニ ヤンマの仲間(シオカラトンボより少し大きい)	ミズスマシ シオヤトンボ
	掲示板前水路	シオヤトンボ ヤンマの仲間(シオカラトンボより少し大きい) アメンボ	カワトンボの仲間 ヨコエビ	ヤゴ2sp サワガニ	ミズスマシ
	土手	モグラの後	タヌキの糞	イノシシの足跡	

氷河期と動物群と大陸とのつながり

著者・著者名など	対馬海峡	津軽海峡	室谷海峡	海水面低下
鈴木秀夫(1975) :氷河時代. 講談社.	水路	水路		−100m
湊正雄(1980) :変動する海水面. 東海大学出版会.	陸継	陸継		−140m
浜田隆士(1981) :続・日本列島のおいたち−第四紀の世界. 東海大学出版会.	陸継・海峡の両説を紹介			
井尻正二(1979) :大氷河時代. 東海大学出版会.	主ウルム初期3万年・陸継 湊正雄・洪積世前期、リス氷期、主ウルム氷期は陸継 海水面最低下期・18000〜2万			−140m
洒井潤一ら(1985) :氷河時代と人類−第四紀−双書地球の歴史7. 共立出版.	陸継 那須孝悌・1980 ウルム最盛期:対馬海峡は海峡、津軽海峡は陸継			−140m
糸魚川純二(1973) :日本列島の歴史−その誕生と変遷. 講談社.	全ての海峡が干上がった 日本海は大陸上の湖となった			−130m
小畠郁生夫(1980) :さまよえる大陸と動物たち−絶滅した恐竜たちの叙事詩. 講談社.	ブビラフランカ(ヨーロッパ)			−100m〜 150m
森下晶(1978) :化石からさぐる日本列島の歴史−過去からのメッセージを読む. 講談社. 193p.	江古田植物化石群 亀井節夫1965, 氷河期は陸継 黄土動物群、周口店動物群			29000年前・ −8度
湊正雄・監修(1976) :日本列島の歴史・新地学教育講座8. 東海大学出版会.	象の道 中国大陸と日本列島との接続 泥河湾(ニーホーワン)動物群、周口店動物群、万懸動物群 黄土動物群・ウルム氷期			
湊正雄(1974) :日本の第四系. 築地書館.	中国大陸と日本列島との接続			
市川浩一郎ら(1970): 日本列島地質構造発達史. 築地書館.	中国大陸と日本列島との接続			

●参考文献

今泉吉典（1960）：原色日本哺乳類図鑑　（保育社の原色図鑑7）、保育社

北九州市教育委員会（1978）：北九州小倉産白亜紀魚類化石第二次発掘調査報告書

Olaus J. Murie（1974）：A Field Guide to Animal Tracks

千葉徳爾（1995）：オオカミはなぜ消えたか　日本人と獣の話、新人物往来社

Lan Sheldon（1997）：Animal Tracks of the Rockies

柳内賢治（1998）：幻のニホンオオカミ、さきたま出版会

阿部永（2003）：日本産哺乳類頭骨図説、北海道大学図書刊行会

今泉忠明（2004）：新版アニマルトラックハンドブック：野山で見つけよう動物の足跡、自由国民社

栗栖健（2004）：日本人とオオカミ　世界でも特異なその関係と歴史、雄山閣

第5章
理科部の物語

第5章　理科部の物語

《平尾台地域を歩いて感じたいろいろな疑問》

北九州高等学校理科部やKCCの部員たちが平尾台の調査でつぶやいた疑問たち。

1　なぜカルスト台地平尾台で、広谷には湿原があるのだろうか？

2　平尾台の広谷には、なぜ寒冷地のミズゴケ湿原があるのだろう？

3　石灰岩地には生えない野生のクリが、なぜ広谷の北方に生えているの？

4　石灰岩地にはツツジが生えないと言われているのに、平尾台の広谷の近くにはヤマツツジが生えているところがあるがどうして？

5　広谷横の青龍窟から、多くの動物の獣骨や化石が見つかるのはどうしてだろう？

6　広谷横の青龍窟の狭い空間で、体の大きなナウマンゾウの頭が産したり、子どものゾウの歯が見つかるのはどうしてだろうか？

7　地下の青龍窟のなかにある大きな滝は、どうやってできたのだろうか？

8　白い石灰岩の中に、黒っぽい岩石の鬼の唐手岩などがあるのはなぜですか？

9　中国大陸に住んでいた昔のモウコノウマの化石が、青龍窟で見つかったと新聞に出ていたが、なぜ？

10　平尾台で、石灰岩以外の岩石が見られるのはなぜか？

11　近くに平尾台より高い花崗岩質の貫山（711m）があるが、どうしてか？

12　雨水で石灰岩が溶けるって本当ですか？

13　広谷地域の石灰岩の結晶が大きいのはどうしてですか？

14　なぜ秋吉台の石灰岩柱は角ばっているのに、平尾台の石灰岩柱は丸いのか？

15　広谷の北部に水晶山があって、小指大の水晶が産するのはなぜですか？

16　青龍窟は、天井が平たくて水の流れが曲流しているのはどうしてか？

17　広谷地域に、青龍窟と広谷穴の2つの洞窟ができているのはどうしてだろう？

18　青龍窟の近くの峠から、冬の朝に霧が立ち昇るのが見られるがどうしてですか？

19　なぜ青龍窟近くの峠に開いている陥没穴は、次第に大きくなるのか？

20　井出浦の上流にある大穴に、稲のもみがらを流したそうですが、もみがらはどうなったでしょうか？

21　曽根に住んでいた竜巻博士の藤田哲也さんは、いつ、どのようにして洞窟を見つけたのだろう？

22　平尾台の広谷には、水が溜まる池があるのはどうしてだろうか？

23　上の広谷湿原から、下の広谷湿原に地表の水が流れていないのはどうしてだろうか？

24　広谷の奥に氷室（ひむろ）があったそうだが、いつ、どうしてできたのだろうか？

25　県が広谷湿原に石を置いたが、時間が経つと石が沈んでいったが、どうして沈むのか？

26　広谷で牧畜が行われていたのはいつですか。またどんな動物が飼育されていたのですか？

27　広谷の全域に水田があり、畦が見つかるのですが、農耕をしていたのですか？

28　青龍窟のなかに神社があるのはなぜか？

29　白山加賀神社で、山岳信仰の神事の松絵がなぜ行われているのか？

第5章　理科部の物語

2016年、福岡県立北九州高等学校が開校して50年になる。

開校2年目には理科部が誕生した。平尾台の洞窟調査、化石や平尾台石灰岩の誕生の調査、魚類化石の調査で北九州市立自然史博物館新設に関わる調査、平尾台トレイルランニングの環境調査などを行ってきた。平尾台カルスト台地にまつわる調査も行ってきた。この間、部活動では1度も重大事故を起こさなかった。

ことはじめ

■平尾台ことはじめ（昭和21（1946）年）

終戦の年の8月9日のこと。長崎に新型爆弾を落としたB29・1機が、雲間に見え隠れしながら、西に向かって飛んでいるのを、小倉の自宅の庭から見ていた。

関門海峡が近く、自宅の周辺の600mくらいの風師山（362m）・足立山（597m）・帆柱山（488m）などは、全て軍用地であった。

平尾台（350m）にも陸軍が駐留し、3棟の兵舎が今の公民館の横に並んでいた。兵舎の周囲には、桜の木があった。昭和天皇即位の記念植樹で、兵舎の回りにたくさん植樹されていた。

現在の公民館の横の桜の木は、そのうちの1本で、今でも、毎年花が咲いており、春の花見が催されている。昭和天皇即位の桜とでも言うのだろう。

私が、はじめて平尾台に登ったのは、終戦の次の年の昭和21（1946）年のことだった。

まだ、自動車が通る登山道はなく、当時国鉄の日田彦山線の石原町駅から平尾台の吹上峠まで、旧道を歩いて登ったものだった。

吹上峠に向かって、麓の林のなかを三分の一ほ

ど登ったときサイレンが鳴り「ハッパダ！」の声。「なんだろうか!?」と言いながら登っていたら「ドドドカーン！」「ドカーン！」と大地を響かせる大音響。登山道を作るために、発破をかけていたのだ。

平尾台は、夏はよいが、冬は大変。雪が深く、平尾の人に聞くと、戦後、吹上峠と中峠の2箇所にスキー場が作られていたそうだ。旧小倉市が、戦後の平尾台観光開発のために作ったスキー場だ。先駆けの行事としてのスキー場には、リフトはなく、ただ滑れるだけの施設だったので、数年しか開かれなかった。

昭和38（1963）年の豪雪時には、標高365mの平尾分校では、膝上まで積もったそうだ。

旧小倉市の平尾台観光開発は、スキー場だけでなく、競馬場、ヘリポート、ラグビー場、公民館、それに宿泊施設など、いろいろと企画され、そのいくつかが作られた。

■北九州高等学校が開校

戦時中は小倉城横に兵器所があった。弾薬やフウセン爆弾をつくっていた。その跡地に、図書館があるが、図書館になる前は、2階建ての兵器所の事務所だった。

昭和41（1966）年4月に、その小倉城側の元兵舎の建物に、福岡県立北九州高等学校が開校した。3クラス、生徒数は158名だった。

門に近い側の棟に北九州高等学校、その奥の棟に国立北九州工業高等専門学校が昭和40（1965）年に開校されていた。1年間、2校が並んであったが、国立北九州工業高等専門学校は、翌42（1967）年に小倉南区志井の今の土地に、校舎と校地を得て、引っ越した。

そこで、昭和42（1967）年春には県立北九州高等学校は高専跡の元兵舎の建物に移り、二期生310名が入学してきて、にぎやかになった。

全校生徒が校舎の間の空き地に集まり、毎日朝礼を行っていた。

校舎の裏には大きなイチョウ並木があり、秋になると、たくさんのギンナンがなり、バケツ一杯に拾った。焼いて食べたり、残りを蒔いたら芽が出て大きくなった。そのうちの1本は、鉢植えの盆栽にして私が育てていたが、今は北九州高等学校の校長室にある。

また1本は、一期生の還暦祝で、母校の正門横に記念として植えた。生徒は還暦を迎えたが、鉢植にされていたイチョウは、まだ背が低いながらも、年齢は北九州高等学校と同じ歳だ。

昭和42（1967）年1月は雪が多く、光安和男先生は体育の授業で自宅からスキーの板を持ってきて、小倉城横の校庭や、少し坂になっている学校前の道でスキーの授業を行った。

放課後、生徒は先生たちと雪合戦をしたりした。

■理科部ことはじめ

そんな時、二期生の亀井俊幸君・樋口輝己君・多田隈優君・高津浩二君・大江弘幸君・添嶋修二君・大本貞孝君が入学してきて、理科部を創った。

2年目になった学校は、生徒の部活動を充実させることになった。理科は須藤泰弘先生と私がいて、理科部を創ることになった。理振法（理科教育振興法）で天体望遠鏡を1台買ってもらい、早速、夕方から屋上で天体観測を始めた。

開校3年目の昭和43（1968）年4月になると、三期生が入学してくるので教室が足りなくなる。

北九州高等学校の今後の落ち着き先が、今の小倉南区の区役所の横の、北方にあった福岡教育大小倉分校跡に決まった。福岡教育大学小倉分校は統廃合で宗像の地に移転し、その跡地が空いており、その跡地に、北九州高等学校は学校の敷地と校舎を得て、移転することになった。

北方の地に移転する計画を委託された私は、計画を立てたけれど、小さくとも学校がひとつ移動するので大変だった。

小倉分校跡についた生徒たちの第一声は異口同音に「広い！」だった。広い校地のあちこちにツクシが、芽を出していた。

移転後理科部は、大学の元理科教室横の階段下にある小部屋に写真の暗室を作った。

また、学校の周辺は戦時中陸軍造兵廠が弾薬をつくっていて、学校の地下には地下壕があって、そこに通じる入口を見つけた。懐中電灯を用意して入ってみた。広い道が縦横に広がっていて、何もなく閑散としていた。ちょっと覗いて、すぐに引き上げてきた。

天体写真を撮りたいということになり、手持ちの一眼レフのカメラを使うことになったが、天体望遠鏡とカメラとをつなぐアタッチメントがないので、太さの違う二本のエンビ管を用いて熱で柔らかくして望遠鏡とつないだ。不格好ではあったが案外これがうまくいった。

私がフィルム現像をすることにした。星の写真は北方に移った第1回の文化祭で、展示をした。これが評判がよく、市内の私立の常盤高校が文化祭で使いたいといって、借りに来た。

■理科部・牡鹿洞に入る

北方の地に落ち着いたある日、理科部の生徒たちは皆で「先生、平尾台の方は、空がきれいで天体観測に都合がよいので、観測に行きましょう

や」ということになった。

夏休みに、天体望遠鏡を担いでバスに乗り、平尾台に登って行った。昼間は天体観測ができないのですぐ近くにある牡鹿洞に、涼みに入ることにした。牡鹿洞の洞口は約30mの竪穴で、戦後すぐは入口近くまで、水没していたとのことである。

平尾台の今70歳すぎの瀬来芳道さんが小学生の頃、牡鹿洞のなかで泳いだりしたそうだ。

その後、牡鹿洞の水は自然に抜けてしまった。

また、地主さんの興農会となった東谷農協は、観光開発のために入口に鉄の階段をつけたり、横穴部分を広げたり、照明器具をつけたりした。戦後の平尾台開発として、行われた事業だった。

工事の段階で、牡鹿洞の洞口の約30mの竪穴部分からは、多くの化石が産した。

当時、山口大学の調査で牡鹿洞入口の竪穴から動物の骨がたくさん見つかり、獣骨殿と名づけられた。現在、群馬県立自然史博物館の名誉館長の長谷川善和さんによると、ニホンザルが多量に出土したそうで、サルの集団が一度に牡鹿洞の穴に落ちたようだ。

またその骨のなかに、ニホンカワウソが含まれていることを長谷川さんは報告している。カワウソは年中水が枯れない、かなり大きな川がないと住めない。そんな川が平尾台に流れていたことが考えられる。

牡鹿洞の動物化石の調査は、当時の新聞に大きく報道されたのを覚えている。

その後、理科部OBでつくったKCCが、平尾台の人参窪第一洞窟の調査でニホンカワウソを見つけている。ニホンカワウソの化石が2つの洞窟から見つかったことは、たまたまではなく、平尾台にはかなりの個体数が生息していたことが伺える。

初めて牡鹿洞に入った理科部員　牡鹿洞前にて

こんな、牡鹿洞に関することを知っていたので、涼みがてらに入った牡鹿洞は、もしかしたら骨が見つかるのではないだろうかと期待しながら入ってみたため、探検に熱が入った。

洞口部分の竪穴に開いている小さい横穴に腹ばいになって入ると、シカ、サル、イノシシなどの骨を多数見つけた。皆が喜んで時間が経つのを忘れて動き回った。

夕方、当時の小倉市立新道寺小学校平尾分校の校庭で許可を得てキャンプをして、掘り出した骨を並べていた。近くの家の飼い犬がやって来て骨の周りで遊んでいるのを、ラーメンを食べながら眺めていた。そのうちイヌは行ってしまった。だれ言うともなく「この骨、イヌも食わない」で、大笑い。

平尾分校でのキャンプのときも、北九州校の文化祭前後で遅くなったときも、理科部の食事はいつも「ラーメン」だった。袋入りのラーメンが売り出され始めた頃のことで、キャンプなどでは理科部の定食になった。こういった牡鹿洞の経験が、その後の理科部の活動の中心になった。

平尾台の洞窟調査は、最初は横穴に入っていたが、そのうち道具を購入したり技術を体得して、竪穴に入れるようになった。また、平尾台の洞窟調査は、土曜・日曜に1泊2日で行うこともあっ

た。

高校生がケイビング（洞窟探検）をするのが、日本では初めてのことで、報道関係者からずいぶん注目された。

竪穴に入ろう

■竪穴に入ろう

ロープが1本あった。これで竪穴に入ろう。

夏休みに伯耆大山で、岡山大学山岳部のOBの人から、ロープの使い方を教えてもらった。

北九州高等学校では、開校当時から体験活動が盛んで全校生徒で九重登山とキャンプを行うことになり私は福岡県の中級と上級の野外活動指導者講習会に参加し、ザイル1本で沢のぼりをしたり、雨中でキャンプをしたり、火起こししたりする研修を受けた。

大学では植物学を学んでいたので、春と夏に、植物調査実習で登山中に、ザイルの使い方と、火起こしは習っていた。

就職後、学校の防火管理責任者を担当することになり、勤務先の北九州高等学校の隣の小倉南消防署で、講習を受けた。そのときロープの扱い方を習い、いろいろな結び方を習った。

これらの基本的な経験が、北九州高等学校理科部の洞窟調査に、大変役に立った。

■縄ばしごを作ろう

理科部の洞窟調査の最初は、牡鹿洞、青龍窟、光水洞、千仏鍾乳洞、不動洞などの横穴式石灰洞に入った。

平尾台の洞窟は、竪穴が多い。鉄の階段のある牡鹿洞の洞口部は約30mの竪穴、こむそう穴の洞口部分は15mだが、最深部分は地下100mを越す。しかし、ザイル1本で入れる竪穴は限られている。なんとか安全に、もっと深い竪穴に入りたい。それには、はしごが必要だ。ワイヤラダーはなかなか売っていないし、あっても手が出ないくらい高い。

では、はしごを作ろうということになったが、どんな材料にするか、大きさは、ロープは、作り方はどうしよう、と理科部員と相談した。

いろいろ考えた末、ロープは船の舫綱に使っていて、水と擦れに強いクレモナロープを使い、太さは15mmのものにした。踏み板は、ヒノキ材にして長さ25cm、幅5.5cm、厚さ2.7cmのかまぼこ型の板にした。踏み板は樋口輝己君のお父さんがつくってくれた。

ここから作るのがまた大変である。踏み板の両はしにロープの通る穴をドリルで穴を開け、ロープを2本並べて、片方のロープに踏み板を通して

窟調査に入る理科部員　手づくりの縄ばしごを使って入る（樋口輝己さん）

こぶを作って固定し、もう1本のロープを踏み板の反対側の穴に通してこぶを作って固定する。するとどうだろう、踏み板が平行になっておらず、斜めなのだ。

どうしたら平行になるか。最初は苦労したが、次第に上手になって、とうとう40mの縄ばしごを1本作った。生徒が居なくなった学校の廊下に並べて、両端を引っ張りながら、踏み板がよじれないように微調整して製作した。

踏み板の調子や、ロープの結び目の伸びを確かめたりした。そして、平尾台で実際に使用してみた。

縄ばしごができたら、早速使ってみたくなったが、その前に、ちょっとした崖で何回も何回も安全に使えるように練習をした。

さあ洞窟に入ろうといっても、縄ばしご1本分の深さしか入れない。また、運ぶのにかさが張るし、なにせ重い。また、山口県の秋吉台の洞窟でも縄ばしごを使っての調査を行った。ただ1つの欠点は、重くてかさばることだった。

皆は、今度はワイヤラダーを作りたいと言い出した。

■マンウォッチング

洞窟調査は3K、4Kの世界である。

狭い、暗い、きつい、汚い……である。

一度入ると6〜7時間は洞窟のなかである。作業も、食事も、休憩も、洞窟のなかである。

時間が経過すると照明もバッテリー切れになる。次第に暗くなり、見えにくくなる。汚れた手でバッテリーを交換する。＋と−を逆に入れたり、接点が汚れて点かなくなったり。

狭いところが好きな人、疲れると無口になる人、逆によく喋るようになる人、濡れるのは平気な人嫌いな人、懸命に骨を探す人、高いところで も平気な人、苦手な人など様々だ。

そこで、マンウォッチングが大事になる。

最初に洞窟に入るとき、特に竪穴に最初に入るときは大変だ。穴の深さ、形、どんな道具がいるかを考えて、順番を決める。体調と、技術と、気分を見極めて竪穴に入る順番を決めて、命を預ける。

竪穴から出ていくときは、体は疲れている、道具は汚れている、骨袋は増えている。

上がってくる人の安全確保をする。道具や骨袋を回収するなど、仕事は山ほどある。ザイルのラストはラダーの回収をしながら上ってくる、忘れ物はないか……。

マンウォッチングをしながらも、きついけれども洞窟調査を続けている。

今、ただ1つ。最大の安心と自慢は、全員が何事もなく、無事・安全に過ごしてきたことだ。みなさんのご協力に感謝を込めて。

■ワイヤラダーを作ろう

2本目のはしごが欲しい、どうするか。縄ばしごでなく今度はワイヤラダー（はしご）にしよう。作ってもらうと高くつく。アルミ管が軽くてよいが、高くつく、使える管を探してまわった。

水道管は太くて、肉厚なので重い。もっと軽いものはないだろうか。

探していたとき、ちょうど北九州高等学校の校舎の解体と新築工事が行われていた。旧校舎の電気配線に使っていた鉄管を見つけた。

肉厚が薄く、丈夫で、細く、外径が16ｍｍで、たくさんある。これをはがしてきて、皆でワイヤラダーを作ることにした。

横幅は登山靴の幅、段差は個人差があるがひざ下の30〜50cm。試作品を作って、それを使ってみて、幅と段差を最終的に決めた。

金切りのこで配電管を17cmに切り揃え、両端にワイヤーの太さに合わせてドリルで穴を開ける。ワイヤーにかかる瞬間的過重を1トンから2トンになると考えて、ワイヤーの太さは3mmにするか4mmにするか。

これも、学校の廊下に並べて、ワイヤーと鉄管を1本ずつつないでいった。

ラダーの長さは20m、これを何本もカラビナでつないでいけばよい。ラダーは10mを2本、20mを5本作り、合計120mになった。

ゼルブスト5本、カラビナ10本、ザイル2本を購入し、その他確保用のロープを1本、KCCとマークされたヘルメットを5個、ヘッドランプや強力ランプなど、装備が整っていった。

洞窟のなかで見つけた動物の骨を運ぶために、学校で使っていたズック袋を使い、泥を洗い流して骨を取り出すために目の細かいふるいを作った。

洞窟調査は、新しい洞窟を見つけること、洞窟の形を調べることなどを行った。

大学の探検部では、洞窟探検をすることが当時ブームになってきていたが、高等学校生が洞窟調査をすることは、全国でも珍しく、よく報道関係者が取材にきた。

報道関係の要望で、あるときは、洞窟内でテントを張って生活したりした。KCCの池内英雄君と韓国の洞窟学会へ共同調査にも行った。

韓国に行ったときは、NHKからフィルムを託されて、特派員のまねごとをしたりした。

日韓合同洞窟調査

■洞窟学会

KCCを結成したのは、昭和45（1970）年で、日本では洞窟学会はなく、各所で洞窟の会が、ばらばらに結成されていた。

活動が大きく活発だったのは、秋芳洞などを調査していた山口大学洞窟研究会と、沖縄の玉泉洞を開発した、愛媛大学の日本ケイビング協会などだった。そして、次々に各大学に洞窟探検部が結成された。そんなときに、秋吉台科学博物館経由で、韓国の洞窟学会の日本訪問があった。

韓国では、まだ戒厳令が敷かれていて、日本各地の主な洞窟関係者が、日本側の受け皿になって実現した。日本の洞窟学会誕生は、昭和51（1976）年だった。

私も、KCC結成間もなかったが、参加した。洞窟以外に韓国にない温泉や活火山をコースに含めて、私の自宅に18名が宿泊し、別府・阿蘇山へは幼稚園のマイクロバスで回り、秋吉台へ送り迎えした。

その時の内容を示しておく。

昭和45（1970）年、韓国洞窟学会誕生。日本洞窟学会の発会は昭和51（1976）年。昭和46（1971）年18名来日し、平尾台以外には、私の勤務先の北九州高等学校を表敬訪問した。

第1回来日

□韓国側調査団：韓国洞窟学会：来日団体

配電管で自作したワイヤラダー

団　　　　　長：建国大學教授　洪初襖

副　団　　長：尚志大學学長　朴在

副　団　　長：韓科技總聯總長　菱信澤

副　団　　長：信興保専務理事　韓聖寅

団　　　　　員：15名　計18名

□日本側調査団：受け皿

　　団　　　　　長：日本ケイビング協会

　　　　　　　　　　愛媛大学教授　山内浩

　　団　　　　　員：秋吉台科学博物館館長

　　　　　　　　　　太田正道

　　　　　　　　　　佐賀大学教授　西田民雄

　　　　　　　　　　北九州ケイビングクラブ

　　　　　　　　　　曾塚孝

　　　　　　　　　　岡山ケイビングクラブ

　　　　　　　　　　柴田晃

　　　　　　　　　　計18名

□日本におけるコース

　　釜山発

　　下関着　釜山下関フェリー

　　秋吉台：秋芳洞・影清洞窟に入る

　　平尾台：千仏鍾乳洞・牝鹿洞窟

　　秋吉台：秋芳洞

　　小　倉：北九州高等学校・学校観察

　　九　州：大分県別府　熊本県阿蘇山

　　岡　山：岡山県阿哲台

第1回訪韓

＊日本側調査団：訪問団

　　団　　　　　長：日本ケイビング協会

　　　　　　　　　　愛媛大学教授　山内浩

　　団　　　　　員：秋吉台科学博物館館長

　　　　　　　　　　太田正道

　　　　　　　　　　佐賀大学教授　西田民雄

　　　　　　　　　　北九州ケイビングクラブ

　　　　　　　　　　曾塚孝

　　　　　　　　　　岡山ケイビングクラブ

　　　　　　　　　　柴田　晃

　　　　　　　　　　その他　合計15名

＊韓国側調査団：韓国洞窟学会：受皿

　　団　　　　　長：建国大学教授　洪初襖

　　副　団　　長：尚志大學学長　朴在

　　団　　　　　員：10名　計12名

□団体名：韓国側調査団

□日　程：1979年8月17日〜8月25日

　　　　　（8泊9日）

□韓国におけるコース

　　下関発→釜山着→

　　聖留窟：入洞

　　高氏窟：入洞

　　古藪窟・泉洞窟：入洞

　　関釜フェリー

第2回来日

□韓国側調査団：韓国洞窟学会：来日団体

　　団　　　　　長：建国大學教授　洪初襖

　　副　団　　長：尚志大學学長　朴在

第2回訪韓

□韓国側調査団：韓国洞窟学会：来日団体

　　団　　　　　長：建国大學教授　洪初襖

　　副　団　　長：尚志大學学長　朴在

※韓日洞窟学会と日韓洞窟学会の相互交流は、およそ10年間行われた。

人参窪第一洞いろいろ

■人参窪第一洞（人参窪の鳩穴）に入る

人参窪第一洞は、深い深い。とにかく深い。しかも、井戸のような1本の竪穴であった。何とか入ろうと、ワイヤラダーを5本つないだ。次はロープ。少し太めの直径14mmが100mの長さが必要で、下降用ロープ1本と安全確保用の1本の計2本、引っ張りと水に強い綱にした。

エイト環は洞窟に入る人数分必要で、カラビナはラダーをつなぐための最少10個と、洞窟に入る5人分、洞口の2人分（1人2個が必要）の14個必要で、予備などを含め合計28個準備した。

当時のヘッドランプは単1乾電池で、連続使用すると8時間しか持たない。朝準備をして10時に入ると、地上に全員が上がるのが17時になる。電池は、2度目の使用やヘッドランプによって寿命が異なるので、箱買いとした。

平尾台の人々は、深い竪穴を鳩穴と呼んでいる。小岳の鳩穴、人参窪の鳩穴などがある。

人参窪の鳩穴（人参窪第一洞）は約65mの竪穴で、平尾集落の北側の林のなかにあり、北九州市の市庁舎がすっぽり入る深さだ。人参窪第一洞は、はじめは平均70度の傾斜で、途中にちょっとしたこぶ状のでっぱりのテラスがある。それから下はラダーもロープも宙ぶらりんで、まったく垂直。下りたところは、石が積もって小山になっている。転石と泥の小山を下りていくと、右側の壁の下に転石が潜り込んでいる。さらに下りて、右側の壁の裏側に回り込むと、転石が右側の壁から天井まで詰まっている。転石は、握りこぶしから頭ぐらいの大きさで、転石の間には砂泥がある。

そこをよく見ると骨がある。シカの骨、サルの頭骨、転石を動かしてみるとまた骨が出てきた。夢中になって調査していると、下の方からさらに大きな長い骨が出てきた。人骨だ。なぜ人骨？

人骨の出方はどのようになっているのか。人骨の上にも転石や砂泥が、3m以上は溜まっている。ここにある転石と砂泥は、層をなしているので、一度に堆積したのではないだろう。何回も崩落があって、壁と天井のすき間をうめていったのではないだろうか。人骨は最近のものではないだろう。

前から、平尾台の古代人を、探さないかという話があった。どこにも誰からも、古代人に関する情報はない。洞窟には壁画や梵字も、見つからない。

■永井昌文さん人参窪第一洞に入る

九州大学人類学教室に永井昌文さんという人がいて、人類学・考古学を専門にしていることを、かつて日本洞窟学会を作るための会合のなかで知った。永井さんのところに持っていってみようと考え、手紙を書き、電話をして、九州大学に挨拶をしに行くことにした。

人参窪第一洞から産出した人骨を、私の車のスバル360に乗せて九州大学に行き、洞窟の形、産出状況などを説明した。

やはり、古い人骨だった。一度産出地に行って

洞窟に入ろうとするケイバー　理科部員

みたいと言われた。

「えー！ 人参窪に入る？ 竪穴なんですよ。68mもあるんですよ」と私が言うと「それでも、行ってみたいです」との返事であった。

「現地には、助手と二人で行きますのでよろしく」と言われた。

それからが大変だった。KCCの仲間とどうしようと相談をした。当日は、永井さんと曾塚が一緒に、ロープを使って洞窟に入ることにした。

また、上りも永井さんと一緒にラダーを上がり、上からはみんなで別のロープを使って、安全確保をした。

産出状態と骨の形状などから、永井さんは縄文時代の終わりか、弥生時代のはじまりのものと判断し、ほぼ一体分の人骨であった。

■佐藤さんの人参窪転落事故

正月、松の内の3日に、佐藤さんの奥さんから電話があった。「主人が昨日から帰ってこないのです。平尾台に行くといって、車で出かけたのですが」という内容であった。

「平尾台の、どこに行ったかは、わからないのです」

それから、KCCの仲間に連絡をして、道具を持って平尾台に行った。目白洞窟と茶ヶ床の三叉路で、佐藤さんの車が見つかった。そこで数人の組をつくり、4箇所に手分けして探しに行った。

私は単独で、青龍窟に行ってみた。

数日前に、入洞した形跡があるかどうかを、足跡をよく見ながら、入口の周りと、洞窟のなかをしばらく見て回ったが、古い足跡しかなかった。そこで引き返して、一番危険な場所に行ってみた。人の声のする人参窪第一洞窟に近付くと、話し声がする。

近付いてみると、「佐藤さんがすべった足跡が

ある」と知らせがあった。

亀井俊幸君が洞窟に入っていて、佐藤さんを確認することができたため、平尾台の町内会、小倉南区の警察署、佐藤さんの自宅に連絡をした。

やがて、警察・自衛隊・消防署などの関係者がやって来た。警察は、佐藤さんの事故状態を確認したいけれど、なにせ65mの深さであることから入洞できない、自衛隊も消防署も同様に入れない。佐藤さんの確認や搬出については、KCCに任せたい、連絡調整は曾塚に任せたいということだった。

私は、洞内の亀井君と連絡をとりながら、佐藤さんの確認と搬出の方法を確認した。私は洞口から数mのところにある、小さなテラスに居て、体を確保した後、上下の連絡を取った。

持っていた背負子を2つつないで、佐藤さんを毛布でくるんで、水平にして、持ち上げることにした。引き上げは洞口に待機している、数十人の警察・自衛隊・消防署などの人力で、少しずつ引き上げてもらった。

事故の様子は、佐藤さんの自宅には訪問して、日本洞窟協会には機関紙の記事で報告をした。

洞口は、周囲は木も岩もなく緩やかな坂になった湿った土壌で、穴を見るときに足をすべらしたようだ。互いに、気をつけたいものである。

石灰岩

■平尾台の石灰岩はいつどこで？

平尾台の石灰岩洞窟の調査をしていて、北九州高等学校の理科部員から、いろんな疑問が出た。

「洞窟はどのようにしてできた？」「石灰岩はどのようにしてできた？」「石灰岩のなかにはどんな化石があるの？」「平尾台の石灰岩はなぜ、

化石がない？」などだ。

調べてみよう。日本地方地質誌・九州地方（昭和37年）に次のような記載があった。

「平尾台の石灰岩は、白亜紀花崗岩の貫入による影響で結晶質となり、化石も認められないので時代および構造は不明であるが……」と出ていた。

秋吉台の石灰岩から、化石が出るが、平尾台や苅田の石灰岩、田川の船尾山の石灰岩などには、化石はなく石灰岩は結晶質である。香春岳三の岳に理科部で行ってみたが、やはり石灰岩は結晶質であった。また、洞窟も見つけた。

それで、皆で山口県の秋吉台に行ってみた。

秋吉台は、平尾台と同じ石灰岩でできているカルスト台地である。平尾台と違うのは、石灰岩のなかから化石が出ることだ。

秋吉台科学博物館では、いろんな展示がしてあった。また、図録があるので、それを調べてみた。秋吉台の石灰岩については、いろんなことがわかった。平尾台も秋吉台も、同じカルスト台地であるので同じ経過であろうと考え、疑問を解決するのに参考にして、平尾台の石灰岩のことを調べてみた。また、博物館の了解をもらって、秋吉台の石灰岩を少しもらって帰って、平尾台の石灰岩と比べてみた。平尾台の石灰岩は、結晶質になっていることがわかった。

平尾台で、石灰岩以外の岩石を探した。平尾台の北隣の貫山は、花崗岩である。平尾台の中峠周りの岩には「鬼の兵古干し場」とか、「鬼の唐手岩」など名前のついた岩があり、花崗岩質マグマに由来する貫入岩であることがわかった。

平尾台の各所には、地下のマグマに由来する熱水や熱水が噴出した「チムニー」、マグマと石灰岩が接触してできた接触交代鉱床の「吉原鉱山」があることなどがわかった。

いずれも、平尾台の石灰岩を、熱で変成している例ばかりである。

■秋吉台の石灰岩の特徴

秋吉台の科学博物館に、行ってみてそこで展示物や、図録などを調べ、話を聞いてみてわかったことを、まとめてみた。

1. 図録では、秋吉台で展示物や、石灰岩に含まれている化石から、古生代の石炭紀や二畳紀（ペルム紀）にかけてできたこと
2. その化石は、サンゴ礁に由来する、石灰岩からでてきたものであること
3. サンゴ礁は、赤道付近に東西に形成されていたテチス海と呼ばれる海で、形成されたこと
4. テチス海は、その昔地層が細長く谷状にたわんでいて、そこに堆積した、いわゆる海底地向斜堆積物であること
5. 日本では秩父系と呼ばれる地層は、海底地向斜堆積物で、秋吉台の石灰岩は秩父系と同様にしてできたこと
6. そんな岩石が、プレートテクトニクスで、日本までやってきたこと
7. 秋吉台にも、化石を含まず結晶質になっている石灰岩もあること
8. 秋吉台の石灰岩にも、たくさんの洞窟があること
9. その洞窟内の堆積物から、いろんな動物の化石が産すること

など、いろいろわかった。

同じカルスト台地の平尾台の石灰岩も、秋吉台

とほぼ同じようにしてできたのだろうと考えた。そうすると、平尾台の石灰岩もサンゴ礁でできていたことになる。秋吉台と同じならば、サンゴ礁で形成された石灰岩が、古生代の石炭紀からペルム紀の化石が見つかるはずだ。

しかし、平尾台からは、サンゴ礁などの化石は、どこからもでてこない。なぜだろう、と考えた。

■平尾台の石灰岩は結晶質

化石がないのは、平尾台の石灰岩が、結晶質になったからだろう。では、どうして結晶質になったのだろう。

平尾台の石灰岩には、石灰岩のなかに、ほぼ南北方向に、幅1m前後の、貫入岩が何本もある。貫入岩には、中峠周辺の、「鬼の兵古干し場」とか、青龍窟近くの「鬼の唐手岩」などの名前がついている。

また、昔、平尾台の南部の龍ケ鼻近くに、吉原鉱山があった。吉原鉱山の記録によると、地下水からの熱水が石灰岩と接触して、いろんな鉱物ができた。吉原鉱山は、接触交代鉱床だという。そんなことで、平尾台の石灰岩は、地下からの熱水が影響していることが、わかった。

また、平尾台の三菱セメントの採石場周辺には、熱水が噴出した時に形成された噴出孔（チムニー）が、多数分布していることもわかった。

平尾台の北隣には、火成岩の花崗岩質の貫山がある。平尾台のなかや周辺には、マグマやそれに由来する熱変成が見られる。これらの、地球深部からの熱によって、石灰岩は変成を受けて結晶質となったために、石灰岩中の化石は認められないことがわかった。

平尾台の北側の山麓からは、太さ10cmもある水晶の結晶が、道路工事の時に産したことがある。平尾台の北部にある、広谷湿原の横に、長さ5〜10ｃｍの水晶がたくさん産する水晶山がある。

このようにして、平尾台の石灰岩は地下のマグマに由来する熱変成を受けていることがわかった。

それでは、変成を受けたのは、いつ頃なのだろう、その時は花崗岩の調査などから、中生代の白亜紀より後の時代だったことがわかった。

また、平尾台の西側には、湖水性堆積物が広く分布している。当時、日本は大陸の東南端にあって大陸と陸続きであった。そして、日本から大陸にかけ大きな湖がいくつもあった。

その1つの湖が、福岡県北部から山口県西部の広い範囲に、形成されていて、湖に堆積してできた地層が分布している。

旧山田弾薬庫周辺も、湖水性の堆積地層だ。

その湖の岸に近いところに位置しているようだ。そこに堆積したのが、脇野亜層群と呼ばれる地層であることなどが、わかってきた。その脇野亜層群には、何枚かの基底礫岩層があることも、湖に住んでいた魚がいたことも、わかってきた。これらの研究は福岡教育大学の太田喜久先生によるものだった。

日本地方地質誌・九州地方の中生代の項にも、次のような記述がある。「脇野上層部基底部に礫層があり、化石は小倉・八幡の……魚類化石の算出も注意すべきである」とでている。

■平尾台の石灰岩とサンゴ礁

理科部員からの疑問のなかに、「秋吉台と同じように、石灰岩中のサンゴ礁性のサンゴやフズリナの化石を、見つけたい。」

「石灰岩が、中生代白亜紀に、熱で影響される

前の状態のものは、どこかにないだろうか。」

平尾台の、岩石の本体からは、化石が見つからなければ、熱で変性される前の岩石を、見つければよい。古い時代の岩石なので、そんな岩石が見つかるのだろうか。とにかく古いからであるとしても、少ししかないだろう、と考えた。

平尾台の西側に、脇野亜層群と呼ばれる地層がある。当時、日本はアジア大陸と続いていた頃に今の琵琶湖よりも数段大きな湖がいくつもあって、そこに堆積した地層であることもわかった。

その脇野亜層群には、何枚からの基底礫岩層があり、大きな湖の湖岸に堆積した小石が、基底礫岩で、その礫岩のなかに、平尾台の石灰岩が結晶化する前に、この大きな湖に運ばれて、堆積してきた小石があるのではないかと考えた。

そんな基底礫岩中の石灰岩の小石が、たまたまでも見つからないだろうか。それを探そう、ということになった。

■ フズリナを見つけよう

日本地方地質誌・九州地方（昭和37年）をみると、「かつて藤本治義（1935）は、小倉市徳丸南方約400mの紫川右岸に露出している石灰岩礫岩のなかからフズリナを報告して、その時代を二畳紀最下部とした。ただし、この化石と時代については、再検討を要する」と記載されていた。

自宅から平尾台にかけては、石灰岩が点々と分布している。点在している石灰岩は、レンズ状の石灰岩で、広く分布している石灰岩や、中生代の基底礫岩のなかの石灰岩質礫岩も、探してまわった。文献にあった石灰岩地にも訪れてみた。化石を含んだ石灰岩を探してみた。藤本治義が指摘した、旧小倉市徳丸南方約400mの、紫川右岸に露出する石灰岩にも行ってみた。

しかし、サンゴやフズリナなどの化石は、なかなか見つからなかった。九州大学地質学教授の鳥山先生も太田先生も見つけられなかったが、文献にも載っているのだからあるはずだ、と考えながら丹念に何回も何回も探してみた。道路面だけでなく、周辺の崖面も調べた。すると、それらしい礫岩が見つかった。家に持って帰って、石灰岩を酢酸で洗ってみた。フズリナは小さな化石なので、ルーペで拡大して見た。すると、「あった、見つかった、フズリナだ、本にのっていた形のフズリナだ」。

一度コツがわかると、どんなところに化石があるかがわかった。そこで、フズリナ化石を含んだ石灰岩と同じ環境のところを探して回った。場所によって多少異なるけれども、フズリナを含んだ石灰岩をいろんなところで見つけて採集をすることができた。

フズリナ化石を含んだ石灰岩は、幅50cmから広くても1mばかりの石灰岩やいろんな小石が混ざっている層で、山のなかで見え隠れして続いていた。いろんな小石が集まって層状をしていて、続いていた。昔、湖の岸辺に礫岩といわれる小石の層が堆積した、基底礫岩層だとわかった。

この基底礫岩中に、近くの化石を含んだ小石や化石を含まない石が一緒に混ざり込んで、湖岸に層をなしたものだ。石灰岩などの小石がどこから

フズリナ化石を含んだ石灰岩礫

来たのかと調べると、近くの小さな塊をしたレンズ状の石灰岩や、大きな塊の平尾台などの石灰岩などから来たものだろうと考えられた。

今のレンズ状の石灰岩や平尾台などの石灰岩からは、化石は見つからないが、熱によって溶かされる前に化石を含んだ石灰岩が混ざり込んだ基底礫岩だというわけだ。そんな化石を含んだ石灰岩の基底礫岩が、平尾台の周辺に広く層状に分布していること、平尾台の西側に大きな湖が昔あったことや、平尾台の石灰岩は、フズリナやサンゴなどの生物が住んでいたサンゴ礁であったことが想像される。そこで、基底礫岩中の紡錘虫の分布を調べたり石灰岩の礫を採集をするために歩き回った。これらの調査には、KCCの仲間がよく一緒に歩いてくれた。

次に、紡錘虫を含んだ岩石を持って秋吉台科学博物館を訪れた。秋吉台科学博物館は、鳥山隆三さんのフィールドであり、太田正道さんの勤務地である。秋吉台科学博物館を皆で訪ねて、太田さんに「見つかったよ」とフズリナ化石のある石灰岩礫を見せて、発見したときの話をした。

■フズリナ（紡錘虫）の研究で九州大学へ

昭和48（1973）年の春、北九州高等学校の校長から、1年間学校を離れて、研究をしてこないかと言われた。留学先や研究テーマについては自分で決めればよいと言われたため、まずは研究テーマをどうするか考えた。学校のことにしようか大学時代の研究の続きにしようか……などいろいろと検討した結果、まだ誰も研究してないであろう家の近くから産する、中生代の基底礫岩中の「フズリナ（紡錘虫）化石」の研究をすることに決めた。

そこで、秋吉台科学博物館の太田正道さんに相談をした。太田さんの紹介で、太田さんの恩師で

フズリナ研究者の第一人者である九州大学教授の鳥山隆三さんのところで、1年間研究させていただくことになった。

まずは、フズリナを含む、基底礫岩の分布を調べ、採集をするために歩き回った。

次に、その礫岩を持って、鳥山さんのフィールドであり、太田さんの勤務地である秋吉台科学博物館を訪れた。秋吉台科学学物館では、持っていった石灰岩を岩石カッターで切って薄片を作らせてもらった。博物館には、薄片を作る施設が整備されていて、そこで紡錘虫の研究をさせていただいたのだ。

基底礫岩の現地では、鳥山先生から石灰岩の産状やフィールドについての指導をいただいた。また、フズリナに関する文献収集とフズリナの写真の撮影の方法も指導していただいた。大学卒論で藻類のフシナシミドロの顕微鏡写真を撮ったり、教員になってからの高等学校の文化祭での天体望遠鏡の写真を撮ったときは、さほど大変ではなかった。しかし、フズリナの顕微鏡写真は少し勝手が違っていた。

1年間の平尾台の石灰岩のフズリナ研究の終わりの時期は、鳥山さんは九州大学を定年退官されて10月からは福岡大学教授になられた。福岡大学で鳥山さんから、紡錘虫の計測と、私の論文の原稿「福岡県の紫川流域に産する紡錘虫化石と秋吉台の紡錘虫化石比較検討」の指導を受けた。

この研究は、文部省の科学研究費（B）の助成をいただいた。

1年間の留学後に北九州高等学校に戻るとき、鳥山さんから九州大学の邦文の論文集に載せないかという話があったが、学校の業務が忙しくて期限に間に合わずに、結局秋吉台科学博物館報告に

載せていただいた。鳥山先生からは、「あなたの論文は、ここ10年間の九州大学の地質の修士論文のなかで、一番良い出来でした」というお言葉をいただいた。

■ 平尾台の石灰岩の特徴

このようにして平尾台の石灰岩について、次のことがわかった。

1. 形成過程は、秋吉台の石灰岩とほぼ同じ形成と同じ経過を取ってきたことがわかった
2. 形成場所は、赤道付近にあったテチス海のサンゴ礁であった
3. サンゴ礁は、プレートに乗って日本へ移動してきて、日本列島に結合して付加体となった
4. 産出した化石は、フズリナのシュードフズリナ・コラニア・ネオシュワゲリナ・ミッセリーナ・フェルベキーナやサンゴの化石だった
5. 時代は、化石の時代から、ペルム紀の前期から中期のものだった
   また、テチス海にできたサンゴ礁は古生代ペルム紀に形成されたものだとわかった
6. 変性作用の時期は、後期白亜紀であった
7. 未変成の石灰岩は、それ以前の前期白亜紀に運搬されて、脇野亜層群中に保存されたものとわかった
8. 基底礫岩は、脇野亜層群の基底礫岩で下位の呼野亜層群とは傾斜不整合関係にあり、石灰岩礫を多く含んでいて、北採石場や郷の原で観察された
9. 紡錘虫（フズリナ）を含んだ石灰岩礫岩は、脇野上部層と呼ばれる地層であることがわかった
10. この地層は、福岡教育大学の太田喜久先生が研究された地域で、小倉北区の山田弾薬庫周辺に広く分布していることがわかった
11. 大きな湖があった。フズリナを含んだ石灰岩は脇野上部層と呼ばれてる湖水性堆積物で、琵琶湖よりもと大きな湖があったことがわかった
12. 湖には魚が泳いでおり、魚の化石が産出することがわかった

その脇野亜層群には、何枚からの基底礫岩層があり、大きな湖の湖岸に堆積した小石が、基底礫岩で、その礫岩のなかに、平尾台の石灰岩が結晶化する前に、この大きな湖に運ばれて、堆積してきた小石があることがわかった。

そんな基底礫岩中の石灰岩の小石が、たまたまでも見つかったわけだ。それをもっと探そう、ということになった。

魚の化石

■ 先生これ魚の化石？

小学生が、友達と一緒に家の近くの崖下で遊んでいて、拾った石に魚の化石がついていた。北九

魚化石

州高等学校の理科部員の宝庄一郎君が、預かったといって、私のところに持ってきた。

小学生の鈴木隆君の兄は、宝君の中学のときの友達で「北九州高校の理科部は、化石を調べているのでわかるだろう。」といって託したそうだ。

昼休みに、生物準備室に宝君がやってきて「これ魚の化石と思いますが、見てください。」

かなり痛んでいたが間違いなく「魚の化石」であり、山田弾薬庫の岩質であった。「すばらしい。かねてから探していた化石だ。」早速見に行こう。宝君の同級生で理科部員の池内英雄君とその日の放課後に現地に行った。

その日も鈴木君は、友達と一緒に崖下で遊んでいて、「ここで拾った。マムシが多いよ。」と注意してくれた。マムシを横目で見ながら、崖下の石を探した。「ある、ある。魚の化石だ。間違いない」。鈴木君らは、以前から、魚の化石があることを、知っていたそうだ。

崖下のこの転石は、あの崖のどこからきたものだろう。30mばかりの崖を見上げて、魚の化石の石と、同じ岩質を探した。

崖の下の方の石の色は黄土色で、さらに上の方の崖のほぼ頂上のところに、赤味がかった地層があった。多分あれだろう。さっそく崖を登っていって岩質を比べながら、化石を探した。もうこれ以上登れないところまでいって、上を仰ぐと、赤味がかった地層があった。ぐーと手を伸ばして、岩を取り眺めると、魚の化石の一部が付いている。

地層は、右下方向に傾いて伸びていて、その先には草が生えている。左上方向は、崖の頂上に続いていて、そこに境界のフェンスがある。地表部分に赤味がかった地層が出ている。でも、草が生えている。

日が暮れてきたので、今日はこれまでにして、崖を下りた。

魚化石を採集するKCC部員ら

下で待っていた池内君らが「先生ありましたか？」と尋ねてきたので「あった。あった。間違いない。魚の化石だ。あの崖の、赤味がかった地層だ。」と答えた。

次の日曜日に、もっと崖をよく調べにいった。平尾台の洞窟調査のために皆で作った縄ばしごを持って、池内君、宝君と、二期生で理科部OBの亀井俊幸君や多田隈優君らと一緒に崖を調べた。再度、丹念に崖の下の方から確認していった。

やはり崖の上の方の、あの赤味がかった地層のなかに「ある、ある。間違いない。魚だ」。崖の左上のフェンスの中は国有地なので入れないし、草が生えている。でも、産出地層は確認できた。

また、別の発見もあった。魚の化石の崖の右下で、岩盤に根を張ったように、大きさ50〜60cmのストロマトライトがあった。モクモクした形状や、縞模様の様子などは間違いなくストロマトライトで、多分藍藻類の化石だろう。

ここは荒らされることもないし、採集するためのハンマーやタガネを持ってきていないので、改めて採集することにした。

日本地方地質誌・九州地方の中生界の項に、次の記述がある。「脇野上層部基底部に礫岩があり、化石は小倉・八幡地区の……魚類化石の産出

も注意すべきである」とでている。しかし、詳しい産出場所は不明であって、かねてから探していた化石である。脇野上層部は、大きな湖に堆積した淡水性堆積物で、その湖に棲んでいた魚の化石であった。魚以外の化石も見つかり、淡水の湖の証拠だった。

それからは、理科部の活動の中心は、魚の化石の調査になった。魚の化石が産出した山田弾薬庫の正面ゲート近くの崖を、まず見て回ったのだ。なかなか見つからず、見つけたら1000円だ、と懸賞金を付けたりして探した。亀井俊幸君が懸賞金をゲットした。

正面ゲート近くの他の崖・畑の畦・観音様横の崖・弾薬庫の裏側の崖などを調べた。その結果、掘るならば、最初に見つけたあの崖のところが、一番確実で、多量に出るだろうということがわかった。私がかねて提案していた博物館を創ろう会に報告した。このときの調査を、魚類化石発掘報告書では、予備調査と名付けた。

魚の化石を見たり、産出地を確認し、産出地層を確認したり、この地域を調査した福岡教育大学の太田喜久さんの報告書の話をしたりした。

昭和51（1976）年春休みに、三鷹市にある日本ルーテル神学大学の上野輝彌さんを訪ねて、「山田弾薬庫産の魚の化石を近いうちに発掘したい。また魚の化石の研究をしていただきたい」とお願いした。「山田弾薬庫産の魚の化石と近縁種は、中国の熱河の化石や、アメリカのディプロミスタスと関連する化石で、新種になるでしょう。中国の熱河産の化石は数個体手に入れています。近いうちにアメリカに行かれるなら、アメリカ産の魚の化石を手に入れたい」ともお願いしました。

ディプロミスタスとは、どんな特徴だろう。

体の背中側と腹側に、体を保護する特別のうろこがあるので、両側＝ディという。昔、硬鱗魚といって、体全体が固いうろこで覆われていた魚が

いた。そのうろこが次第になくなって、現在の硬骨魚に進化していった。それで硬骨魚類の祖先系で、魚の進化を考えるのに重要な種類であった。

その後、北九州市に自然史博物館準備室が設立され、ストロマトライトは石島渉さんが、魚の化石のディプロミスタスは上野輝彌さんが、博物館の研究報告の第1号で報告され、標本は北九州市立自然史博物館に収められた。

■博物館を創ろう会に報告

私が以前から提唱していた博物館を創ろう会の会合で、福岡教育大学の太田喜久さんが、山田弾薬庫跡地から、魚の化石が産することを報告していたが、産出場所と地層が特定されていなかった。今回、魚の化石が確認されたと報告した。

旧山田弾薬庫の入り口近くの崖下で、小学生の鈴木隆君が魚の化石を見つけ、理科部員の桑田和夫君と宝庄一郎君を経て理科部に持ち込まれた。その日に魚の化石の出た現地を調査して、魚の化石の含有地層を確認し、予備調査をしてきて、魚の化石の確認をした。今後、魚類化石の発掘をしたいと博物館を創ろう会に報告した。

■魚類化石発掘準備

手続きは、小倉にある法務局と崖下の内山緑地北九州市の文化課に連絡することにした。経費は78万円を自己負担で計上。協力者として北九州高等学校理科部の部員、KCC、鳥山隆三さん、日本古生物学会会長の長谷川善和さん（恐竜・ほ乳類）、太田正道さん（地質古生物）、上野輝彌さん（魚類化石）、北條凱生さん（地質古生物）などが、この魚類化石発掘に力を貸してくださった。

発掘のための準備としては、標本を入れる標本

小箱ともろぶた約50箱を自作し、ラベルは「北九州自然史博物室」とした。1/1000の地形図を購入し、テントは勤務先の高等学校は転勤直後だったので前任校の北九州高等学校から借用した。

発掘期間は昭和51（1976）年4月29日〜5月5日の連休までで、調査場所は山田弾薬庫正面ゲート西側の内山緑地内の崖及び隣接する国有地とし案内状を、協力者及び地主さんに発送した。

■北九州市の文化課担当者の反応

山田弾薬庫の魚類化石発掘は国の財務局・内山緑地との了解を得ている。このように国と地主の許可をもらっていたので、市にはわざわざ許可をもらわないでもよいのではとも思ったのだが、道義的に話に行くことにした。また、単に魚の化石を掘るだけでなく、博物館構想を考えていたため、それには市の協力が必要とも考えていた。

さらに、産出化石は新種であるため、報道機関で報道されるだろう。山田弾薬庫は、政治的にもまたいろんな方面から関心がある場所である。そのため、事前に北九州市に報告しておいた方がよいだろうということでもあった。報告先は北九州市の文化課がいいだろうということで、これまでの経緯について説明しに行った。数日後、文化課から電話があり、再度説明してほしいとのことで出向いたときのことである。

そこでまず文化課の担当者に、魚類化石発掘の責任者は誰か尋ねられた。私は自分が担当者であることを説明し、高等学校の教師であることを説明した。すると、責任者が一介の高等学校教師ではだめで、市か県の専門家か大学の専門家などではないと許可できないと言われてしまった。

そこで私は、一昨年に内地留学をした九州大学名誉教授の鳥山隆三さんに責任者になってもらお

うと考え、帰宅後に電話をした。

■鳥山隆三さん、団長を快諾

さっそく帰宅後、鳥山隆三さんに、魚の化石を掘れることになったものの発掘の責任者が一介の高等学校教師ではだめだと言われてしまったこと、市か県の文化財の専門委員や大学の専門家などでないと許可できないと言われたことを伝えた。そして、鳥山さんに魚類化石発掘の責任者になってもらえないかとお願いした。鳥山さんは発掘できるようになったことを喜んでくれ、さらに責任者になることを快諾してくれた。

翌日、鳥山さんの返事を持って北九州市の文化課担当者に再度会いに行った。九州大学名誉教授で、日本古生物学会の会長である鳥山隆三さんに魚類化石発掘の責任者をお願いしたことを伝えた。はじめ文化課担当者は、どうせ教授の名前だけ借りて、発掘現場には来ないだろうと疑っていたが、私は必ず当日に来てくださるということを伝えた。

■魚類化石発掘当日

魚類化石の発掘日は、天皇誕生日の昭和51（1976）年4月29日から、子どもの日の5月5日までの連休を予定とした。地主さん、北九州市、鳥山隆三さん、長谷川善和さん、上野輝彌さん、太田正道さんらの関係者に、案内文書で連絡した。KCCの仲間にも連絡した。なぜか、日程は1日ずれていた。

北九州高等学校からテントを借り、もろぶた、地形図、標本箱、グランドシート、スコップ、カマ、ハンマー、手袋などを準備した。また崖のうえのフェンスまでの通路を確認し、地主さんに挨拶をして、いつでも発掘できるようにした。

■記者会見

報道関係者が集まったところで、太田正道さんから、記者会見をするから一緒に立ち会って欲しいという申し出があったが、辞退した。

鳥山隆三さんから「太田さんと一緒に立ち会いなさい。ただ、大丈夫ですか」と聞かれた。そこで、昭和48（1973）年のフズリナの研究のときと今回の魚の化石のことで、福岡教育大学の太田喜久さんの論文を読んで、地層のこと時代のことなどを判断しましたと答えました。

■古脇野湖の名称

秋吉台科学博物館の館長の太田正道さんが記者会見をし、そのなかで魚が住んでいた湖の名称はなんですかという質問がでた。私は太田さんから名前を聞かれたが、そのとき名前はなかったため「鳥山隆三さんがそばに居られるので、相談してみます」と答え、鳥山さんにその場で相談をした。そこで「魚の化石がでた地層名から、仮に『古脇野湖』としてはいかがですか」という助言をいただいた。中生代にこのあたりには、大きな湖があった。その範囲は、福岡県の脇野にある犬鳴ダムの周辺から、山口県の萩市から日本海までに広がる。少なくとも今の琵琶湖よりももっと大きな湖があったことはわかっていた。この湖に堆積したのが、淡水性の地層の脇野亜層群であった。この地層名は福岡県の脇野の地名からきている。発掘後に正式に命名すればよいことにして、そのときは鳥山さんのご意見のとおりに「古脇野湖」で記者会見をした。

そして、その湖に棲んでいた生物が、魚であり、ストロマトライトや巻き貝であった。後にカメの化石や大型の魚の化石も見つかった。

■谷伍平北九州市長の反応

谷伍平北九州市市長が、この発掘についての新聞記事を見て、「旧山田弾薬庫跡地から大変な化石が産出したそうですね。産出した魚類の化石は貴重な標本で、新種だそうですね」と連絡があった。

思っていたよりもたくさん産出し、同時代の中国の熱河の魚ディプロや、アメリカの魚ディプロとも異なりはするものの、関連性もあって、おもしろい分布をしていた。この魚類化石発掘によって産出した2種類は、おそらく新種になるであろうことを伝えた。

谷市長はそんなに貴重なものが、北九州市から産出したことに感激し、ぜひ、地元に残したいものだとおっしゃってくれた。

だが、新種となると保管場所を登録して論文に記入しなければならず、北九州市には登録する施設がない。登録するとなると、今のところ北九州以外になってしまうであろうことを伝えた。

谷市長は何とかして北九州に残したいと考えてくださっていたため、数年前から北九州の皆さんと北九州市に自然史博物館を創りたいと、協議して、構想を練ってきていたことを説明した。博物館を創ろう会の話をして、青焼きコピーを提出することにした。また、館長のポジションは部長以

魚類化石発掘するKCC部員

上であったり、多くの学芸員が複数いたり、かなり大きな規模になるだろうことを話した。

谷市長は、強い関心を寄せてくださった。

補足ではあるが、魚類化石発掘後、山田弾薬庫の弾薬庫使用を中止し、平和利用に転換する（1/3を払い下げて公園化することや引き込線を廃止することなどの）動きがあったことが、報道された。

博物館

■博物館を創ろう

理科部やKCCが、平尾台の調査で得た標本は、学校の文化祭で展示をしてきた。標本は貴重なものなので、今後は個人で持たずに、自然史博物館を創って、標本を保管して、社会教育に役立てたい、と皆で願った。

化石や恐竜などのある自然史博物館は、大人も子どもも、そこを訪れる人も、そこで働く人も、目を輝かせ、心踊り、夢を抱き、生きがいとすることができるだろう。

北九州市にも、そんな博物館が欲しいと考え、博物館学を学び、構想を練った。そして私は、博物館学芸員資格を取得したいと考えた。

昭和50（1975）年に「博物館を創ろう会」を市内の有識者に呼びかけ、具体的に検討を始めた。

■博物館学芸員資格取得

博物館には学芸員が必要である。学芸員の資格を取ろう。どこで、どんな試験があって、申請には何がいるのかを調べた。

筆記試験は博物館学と視聴覚学、それと面接があり、東京の文部省で、年1回あることがわかった。

受験の申請書を取り寄せ、大学で成績証明をもらい申請した。専門は大学のもので十分だった。

当時、学芸員の資格を取るには数年かかると言われた。毎年1科目取れればよい。3年はかかるだろうと考えた。

昭和48（1973）年の12月に、東京の文部省で試験を受けた。博物館学と視聴覚の筆記試験、最後が面接だった。全科目をまとめて100点、合格点は80点以上だった。その内、面接は60点で、面接重視の配点だった。

面接前に1つの課題が出された。「1つのテーマを設定して、そのジオラマを描け」だった。B4用紙2枚が配られ、私は「平尾台の自然と洞窟」をテーマとして、勤務先の高校の、この秋の文化祭のときのジオラマを展開して記入した。

30分の休憩後に、課題をもとに3名の面接者から質問があり、それは、「なぜこのテーマを設定したのですか？」であった。

「私は昭和42（1967）年から、高校の部活動でカルスト台地の平尾台の調査をしてきました。毎年高校の文化祭で展示したときのジオラマを描きました。また、たくさんの標本が得られたので、なんとか保存して活用したいと考え、博物館について勉強して、博物館を創りたいし、学芸員の資格も取りたいです」と答えた。

1回目なので、まず無理だろうと感じていた。後日、秋吉台科学博物館で石灰岩をカットして、薄片を作っていたとき、博物館の館員が、今届いた官報に、貴方の名前があると告げられた。まさか、といいながら官報を見ると本当に名前がある。

本当に驚いた。1回で合格したのは、貴方が初めてだと皆から言われた。

大学で博物館学を教えている人が受験したけれ

ど、学芸員資格は取得できなかったと言っていた。

これで、ひとつのステップが踏めたので、次は博物館を創ることに専念したいと考えた。

今度は本当に大変である、と皆から言われ、私も本当にそう考えた。しかし、どのようにしたらよいのだろう。

■館長はなぜ部長か

博物館を創ろう会の審議で、館長職の役職をどうするかについて話し合われた。

私は、数年で消滅したり縮小するような博物館は創りたくない。創るなら100年、200年と継続する博物館でなければならないと考えていた。

そのためには、博物館に常に活力と発展性があり、次の代を育てることが大切である。次の代を育てるためには、各部署には、年齢の異なる複数の人が配置されていて、教育・普及活動である常設展示や特別展示に、活力と発展性をもたらす経費の裏付けが必要であると考えた。基本的には、職員が自主的に観察、調査、研究活動ができなければならない。そのように考えて、博物館の組織や機構を練って、博物館を創ろう会に提案した。また、博物館を束ねる館長は、部長以上のポジションであることが必要だと考えた。

その後、秋吉台の太田正道さんから会いたいという連絡があった。魚の化石を一緒に掘った多田隈優君、亀井俊幸君、池内英雄君らが同席した。その際太田さんからは「館長のポジションは、やはり部長以上でないといけないのか」という問いかけがあった。私は「博物館を創ろう会のなかで審議したように、館長は部長以上のポジションでないといけない。ぜひお願いします」と返事をした。

■自然史友の会設立

昭和53（1978）年5月のこと。北九州市立自然史博物館開設準備室の責任者の太田正道さんから、博物館友の会を発足させたい。世話をしてもらえないかという話であった。

博物館を創る会が、昭和50（1975）年の12月10日から検討した。貴方は友の会が必要だと提案していた。いま、博物館準備室ができたので、貴方が中心になって、ぜひ友の会を創って欲しいと要請があった。私は、自分の体調と職場のこと、発掘前後の経緯を考えて、辞退させてもらった。

数日後、再三の強い要請があった。

私は、博物館には友の会・ミュージアムティーチャー・教育普及誌の発行などの博物館活動には友の会の存在がぜひ必要で、博物館の幅広い展開になって欲しいものであると考えた。

条件として、博物館や学芸員の協力がぜひ欲しい。ご用団体でなく友の会独自の活動を行いたいことなどが、約束されたので引き受けることにした。委員会を作成し皆で協議した。

○昭和53（1978）年7月31日

友の会発起人16名をリストアップし、自然史友の会（案）の案内状には、下記の資料を同封した。

・北九州市立自然史博物館友の会規約（案）
・友の会発会世話人開催案内状
・友の会発会世話人承諾書　その他

○昭和53（1978）年8月19日

北九州市立自然史博物館友の会発会世話人会

第一回発会世話人代表　曾塚孝

会場・北九州市立自然史博物館開設準備室

開設準備室である戸畑市民会館で会合を開いた。

初代の友の会会長は、候補のなかで曾塚は次の

人を提案した。旧山田弾薬庫地域の地質の研究者
で、魚の化石の存在を指摘していた福岡教育大学
教授の太田喜久さんを推薦し、第一候補になっ
た。

　私は、大学の研究室にお伺いをした。博物館準
備室や友の会の経過を話をして、後日、行橋市勝
山のご自宅に直接お伺いして了解を得た。

　総会前の段階で、会員数は正会員257名、準会
員83名、合計340名。総会当日の申し込みもあ
り、500人を超えた。

○昭和54（1979）年1月7日　開催
　「北九州市立自然史博物館友の会」発会総会

北九州市立自然史博物館（仮称）設置世話人会

○昭和50（1975）年12月10日（水）
博物館を創ろう会
北九州自然科学博物館設置世話人会（第1回）
県立北九州高等学校・生物教室
12名に案内し、出席者は8名。
呼びかけ・原案作成；曾塚孝
参加者8名：井上タミエ・太田国光・太田正道・
岡山速俊・曾塚孝・畑中健一・吉田智明・山岡誠

協議内容（原案）
　一，設置目的
　二，名称：北九州自然科学博物館
　三，部門：第一部門地質・古生物
　　　　　　第二部門　岩石・鉱物
　　　　　　第三部門　動物
　　　　　　第四部門　植物
　　　　　　第五部門　総合科学・生態系を主と
　　　　　　　　　　　する
　四，人員構成：単科大学と同程度の規模とす
　　　る。研究職・研究職補助員・事務職、計80
　　　名構成。次代の職員が一人前になるまでに数
　　　年かかる。そのために、年齢の異なる年齢構
　　　成であること
　五，施設：研究室、資料室、展示室、事務系
　　　室、レクチャールームなど
　六，予定地：後背地が自然度の高いところ。交
　　　通の便が良い。敷地内に自然実験観察部分の
　　　あるところ。案として、山田弾薬庫跡地全域
　七，性格：展示・広報活動。展示室を設け室
　　　内・室外の活動を組み込む講演会・講習会・
　　　研究会を行う
　八，経費：当年度施設設備資料購入費30億
　　　円、年間運営費
　九，その他

第5章　理科部の物語

第1回世話人会議事内容

1，経過説明
・博物館を創りたいという、いくつかの動きを説明
例：「平尾台自然教育および博物館設置趣意書」を作成していることを、紹介地元の高等学校の生物の先生を中心に、山岡誠氏太田国光氏など

2，経過内容博物館を創ろう会を呼びかける
・北九州市国の有識者に呼びかけて発足させた
・資料：国立科学博物館、大阪自然史博物館などの資料を参考とした

審議結果（原案内容の変更）
・設立趣意書を審議し、概略了承
・名称変更。自然科学博物館→自然史博物館生命の歴史を考え、自然史とする
・天文は除く、市立の天文関係の施設がある
・北九州→北九州市立にしては、そうなればよいと考え「北九州市立（仮称）」と呼称したい

○昭和53年（1978）3月15日
北九州市小倉産魚類化石第二次発掘調査報告書提出
○昭和53年（1978）4月1日
北九州市立自然史博物館開設準備室設立
○昭和53年（1978）12月
北九州市の動き
北九州市立自然史博物館の建設について（答申）
北九州市立自然史博物館建設調査委員会
鳥山隆三・三宅貞祥・永井昌文・太田正道・畑中健一・崎山三男・日浦　勇・長谷川義和・柴田敏隆・太田国光・小林安司・柴田幸雄・権藤鴻二・浅野大三郎

北九州市立自然史博物館（仮称）開設趣意書
［復刻］

（昭和50年12月10日提案・51年3月6日審議終了）　原案作成者　曾塚孝

［前文］　　私たち生物は地球の歴史のなかで生まれ、地球の歴史の中で生活しています。

しかし、私達の周囲から自然の本当の姿がなくなってきています。自分たちの子どもの頃はよかった。川でフナをすくい、川で泳いだ少年時代の頃……。今はどうでしょうか。

このような単なる懐古趣味ではなく、自然を要求し取り戻そうといった運動が起こっています。しかし、子どもの遊びのなかからも、学校の教材のなかからも、自然を扱ったものが少なくなってきています。

生きたドジョウを知らない子どもが、動物園でサルに接すると毛のコレクションだといって、サルの毛をむしりとっていくという。こんな子どもが大人になったときに、生物に接する心に、暖かみがみられるでしょうか。こんな子どもが都会地ほど多くなっていて、今から20〜30年経つと世の中を動かすことになります。

北九州市に住む自然を研究する人々は、個人的にまたグループをつくって研究を進め、貴重な資料は次々に増えていき、十分には生かされないままでほこりをかぶり、時には中央に、福岡からでていきました。

何人もの人が、生命に対する失われつつある愛のこころを嘆き、生命の記録がほこりをかぶるのを悔み、学校教育や家庭教育では充分に生かされないものを、何とか具体化しようとして、生涯教育の一つの場として博物館を創ることを考えました。

［生涯教育と博物館］　　生涯教育というのは、

一生教育を受け続けるということではなく、個人が自発的に生涯にわたって学習をするということを、自覚することです。画一的な、全体主義的な学校教育では、本来の教育である個人の能力を引き出し、発見と創造の力を養うことは不充分です。

　学校教育で学んだ基礎の上に、北九州独自の文化をつくり、伝え、考え、北九州の地域に立脚した文化を探究する。そのためには、地域をテーマにした多岐多様な内容で、資料と形態のものを、教えこむのではなく、各個人が思い思いに学習できる形態でなければなりません。また、それに対応できる教育体系でなければなりません。そのためには、博物館形態が最適だと考えます。

　［なぜ自然歴史博物館を選んだのか］　次代を担う青少年が、また北九州に住む市民が、自分の立っている足元である北九州市を、充分に理解し愛することは、人類の幸福の根底です。

　北九州市の商業や工業がなりたってきた、またそれを育んできた自然、北九州独自の文化を育ててきた自然について、もっと目を開く必要があります。また、北九州市の文化施設のなかで、欠けている自然科学部門としてまた生涯学習の一環としての自然史博物館を、ぜひ設置すべきだと考えました。

　［博物館の働き］　博物館には3本の柱があります。その中心は教育普及活動です。市民に開かれた、いや市民によって育てられた教育機関でなければなりません。この活動を支えるためには、豊富な資料の収集と保存と調査研究とが必要です。この3つの柱がうまくかみ合ったものが、博物館といえます。特に自然史博物館では、調査研究活動が必要です。

　［自然史博物館では］　人間のベースになる自然に対して、正しい見方、正しい接し方、自然に対する知識の伝達、自然の探究のしかたなどについて館員は研究し、博物館を訪れる人々は学びとっていただきます。

　その意味では、博物館の仕事は、教育普及活動と調査研究活動の2つの柱であり、この2つの輪がうまくかみ合うことが必要です。

　以上の理念から北九州市立自然史博物館の構成を、次のように考えました。

　『構成』　地質・古生物・岩石鉱物・植物動物・人類・海洋・自然総合科学の8つの科を有する自然の歴史と、現在の自然を考えるものであるものとする。そして少なくとも単科大学規模の施設と人員を配置し、専門職として処遇される学芸員によって運営される登録博物館規模のものとする。

　『テーマ』　『人間のなりたちとそれを育む自然』を題に設定して行います。

　『教育普及』　北九州市及び周辺に住む人々を主とした対象とし、少年・青年・成人及び老人に対して教育普及活動を行い、次のような形態を考えました。

博物館の第1段階～第3段階［復刻］

　（昭和50年12月10日提案・51年3月6日審議終了）

（博物館とは何であろうか）
・第一段階　昔は珍しいものを集めるという個人の収蔵欲と、それを人に見せたいという気持ちと、それを見たいという好奇心によって、個人的

に収蔵されたのが、博物館の起源であった。

・第二段階　産業革命以後、社会の近代化が進み博物館も個人から集団へと移っていった。それは個人では耐えられないほどに大きくなったためであった。そこで館で公共的に管理され公開されてきた。この第二段階の博物館では見る人が系統的にわかるように展示配列されるようになり、珍品収集ということにとどまらずに、系統的に収集・整理が行われるようになった。その点で、展示室は次第に豪華になっていった。

・第三段階　欧米において、社会教育の一つの中心が博物館に置かれるようになった傾向が、今までの博物館の形態を変えてきた。その方向は、単なる資料の羅列ではなく、その地域に合ったものとして調査研究活動が進められてきた。他の方向として、生涯学習の大きな部門としての教育普及活動が盛んになってきた。

この流れが日本にも伝わってきて、日本の博物館の内容の再編成が叫ばれてきている。そのなかで、調査研究活動は各博物館で鋭意に行われるようになってきつつあるが、博物館の専門職としての法的な身分保障が弱いという点が挙げられる。また、生涯教育という観点からも、日本の博物館に教育普及面が入ってきた。しかし館員の不足、特にミュージアムティーチャーの不足であるとか、新しい博物館を思考してもそれを受け入れる建物が狭いなどの運営上の理由で、日本ではまだ第三段階の博物館も、特に博物館学を研究する博物館はごく少ない状態である。

そこで、当博物館は新しく発足する利点から、博物館学を志向し行える機能化した博物館にすべきであると考える。

以上の観点から北九州市立自然史博物館は次のことを軸とする。

一，　人間の生涯のベースになる土地の歴史（姿）、生命の歴史（姿）、人類の歴史（姿）の3つをテーマの軸とする。このテーマを具体化するために地形地質・古生物・動物植物・人類・水域・それに関連しあった自然総合科学と教育普及の7部門を設ける。

二，　当面は北九州地域を主たる調査研究対象とし、教育普及活動の範囲は北九州市とその周辺地域とする。しかし方向としては広範囲な対象地域とその範囲を広げていく。

三，　単なる資料の羅列ではなく、系統的に縦（時間）と横（空間）を組み合わせた方法での展示を中心にした教育普及活動を行う。

四，　郷土のものは郷土で生かすの考えから、身近な自然を取り扱う。

五，　すでに集められた個人個人の資料を収集するだけではなく、調査研究活動が十分に行える人員構成を考える。

六，　博物館が対象とする人々は、小さな子どもから一般社会人にわたる地域全体にわたるものである。その観点から教育普及活動は学校教育に小学校・中学校・高等学校・大学とあるように、ミュージアムティーチャーには小学校・中学校・高等学校・大学・社会人を対象にした5部門を考える必要がある。

七，　綜合して当博物館は近代的な博物館を志向し、博物館学を充分に行える規模（物的・人的）のものとする。

『展示活動』　パネル・実物・模型・ジオラマ方式など視聴覚手段を用いた常設展示を行う。常設展示は10年ごとに組みかえる。特別展示は1～2年ごとに組みかえで常に新鮮味を加える。

『公開講座』　市民全体を対象にした市民講座の開設

『情報資料提供』　投函で収集した各種の資料

及び情報はオープン形式で来観者が利用できるように整備する。また専門的な知識のある学芸員による助言指導を行う。

『出版物の刊行』 教育普及誌としての各種の解説書の作成、および調査研究・結果などの報告書を作成する。具体的には次のものが考えられます。

・北九州市立自然史博物館研究報告

：Bullutein of the Kitakyushu Museum of Natural History

学芸員による学術研究報告書を出版します。

・北九州市立自然史博物館収蔵資料目録

：Special Publication from the Kitakyushu Museum of Natural History

当博物館に収蔵または展示した資料等が来館者にすぐわかり、利用できるように目録を作成します。

・博物館友の会誌（教育普及誌）

：Nature Study

館活動のニュース・解説、会員の活動の様子などを収めた普及誌を出版します。

以上の趣旨から、北九州市立自然史博物館の開設を熱望していますので、貴団体におきましても私たちの意を十分にお含みのうえ、御賛意がいただければ幸いです。

なお、博物館の基礎資料を、地域社会から集めたいと思います。

当館が実現した場合に御寄託・御寄贈いただける標本・文献・資料などがありましたら、ご連絡下さい。

昭和51（1976）年5月22日

北九州市立自然史博物館（仮称）を設立構想発起人

代表　曾塚孝

三館合同の博物館など

小学生の鈴木隆君が遊びのなかで見つけた魚の化石が、福岡県立北九州高等学校の理科部にやってきた。化石を調べている理科部ならその正体がわかるだろうということだった。まさしく魚の化石で、前から探していたものだった。さっそく旧山田弾薬庫周辺を調べてまわり、このときのことを予備調査と名付け、いろんな魚の化石の標本を見つけた。大きいものはDiplomystus kokuraensisのタイプ標本になったもので、また、淡水性藍藻類の新属、新種の標本、ストロマトライトも発見した。

そんなことから、谷伍平北九州市長は、標本類を北九州市に残すための北九州市立自然史博物館を新設することにした。戸畑市民会館に仮事務所を設け、後にJR八幡駅の2階に移した。この間に北九州市立歴史博物館や考古博物館が開設されていて、環境博物館、産業科学館の構想もあった。八幡東田地区では北九州博覧祭が行われ、その跡地は北九州市立博物館の自然史博物館が考えられていた。

そこで、北九州市立歴史博物館や考古博物館を合わせて、北九州市立いのちのたび博物館構想となっていった。しかし、そうなると1つの館のなかで薬品を使用する自然史系と、それを嫌う歴史、考古系が一緒に使用することとなったので、空調方法の工夫が必要となった。

このようにして、北九州市立いのちのたび博物館となった。館の隣には環境館、産学館に立脚するイノベーションギャラリーができ、それぞれ、いのちのたび博物館では昆虫の研究をしていた上田恭一郎さんが、環境館では北九州市の公害対策担当が、イノベーションギャラリーでは九州工業大学副学長の鹿毛浩之さんが館長をつとめた。ま

た、旧八幡製鉄所の溶鉱炉などが世界遺産に指定され、八幡東田地区は、北九州市が誇る文化施設が勢ぞろいした。

■北九州市立博物館の歴史

1975（昭和50）年8月には、北九州市立歴史博物館開館が設置された。その後、1978（昭和53）年4月には、戸畑市民会館内に「自然史博物館開設準備室」が置かれ、その後、1981（昭和56）年5月、国鉄八幡駅に北九州市立自然史博物館が仮施設として開館された。1983（昭和58）年8月、北九州市立考古博物館が開館し、2002（平成14）年11月には、北九州市立いのちのたび博物館が新設されて、自然史と歴史と考古の三館合同の博物館になった。

理科部員二期生の調査記録

■KCC二期生の活動

昭和53（1978）年5月のこと。北九州市立自然史博物館開設準備室の強い要請で、曾塚孝は博物館友の会を発足させた。自然史博物館友の会が発会されたのは、KCCのすばらしい活動があったからである。洞窟調査のための技術体得や、重要な化石の新発見などがあった。その内容を、二期生のKCC会員の文にて紹介する。

【洞窟調査の装備について】

（二期生・多田隈優）

高等学校生のとき、最初は横穴が中心だった。長袖・長ズボン・軍手・キャラバンシューズ、照明はキャップランプ程度で、未知の洞窟を探すのが目的だった。活動しているうちに竪穴に入りた

くなった。ロープを体に巻きつけて、摩擦を利用した「股がらみ」という方法で、10m程度の竪穴に、降りれるようになった。登りは、ロープにコブを作った簡単なものだった。危ない思いをしながらの挑戦であった。

そのうち、木材をかまぼこ板形にしたものに、ロープをつないだ縄ばしごを作成した。とても重くてかさの張るものだった。帰りのバスでは、泥だらけの服装で縄ばしごを持っているので、乗車拒否をされたこともあった。深い穴の降下はザイルと8の字の形をした器具を使い、念願の65mの人参窪第一洞に入れるようになった。

深い穴を登るために、手作りをしたワイヤラダーは製作して40年経った今でも、十分使用可能だ。ワイヤーのなかに、エンジンオイルを十分滲みこませておくことが必要である。

平成になった現在は、アッセン・グリグリ・スリング・ハーネスなどのクライミング機材を駆使して、ザイル1本で降下と上昇をしている。また、安全にも十分配慮をして補助ザイルで、サポートしている。また、体力的に難しくってきた人には、少人数で引き上げる方法も、活用をしている。

【僕の週末】

（二期生・樋口輝己）

「もしもし、明日は9時半集合ね。」

僕の週末は、亀井俊幸君からの電話で始まる。

明日の洞窟は、人参窪第二。約20mの竪穴か。僕は壁から降下用ザイル4本、固定用ザイル2本を外す。ハーネスは人数分、エイト環5個、グリグリも。カラビナは20個もあれば足りるかな。昇りはワイヤーバシゴとロープ用アッセンダー全部を持って行こう。おっとヘルメットとライト。これで準備はよし。

セッティングが始まる。ロープの結び方は、

"ああだ、こうだ"と多田隈優君がうるさい。さすがボーイスカウトあがり。

やがて洞窟のなかに向かって、ロープが1本垂れ下がる。「おれ一番に降りるね。」

エイト環にロープを絡ませ、カラビナでハーネスに固定する。サポート用ザイルをつけて、準備よし。ロープに、体重を預けて穴の縁に乗り出す。この一瞬が一番緊張するな。岸壁を蹴りながら、降りる。これからは宙ぶらりん。左手でロープを緩めながら下降。「到着！」上に叫ぶ。

「次は誰だい。曾塚先生。本当かよ！ 先生77歳だろ。ああ、降りてきちゃったよ。」

昇りのディバイスを新しく考えなくっちゃあ。

こんな風に、週末毎に、元九州高等学校理科部の二期生の仲間は、今も集まって何やら活動している。

平尾台の土を土嚢に入れ、平尾台の植物園づくりのために博物館まで土嚢を3000袋以上運んだよなあ。半年以上かかったな。今は平尾台の不要な竹を駆除するために切っている。ああ、何年かかるのか。

何はともあれ、今は還暦になっても、昔と変わらず集まれる。すばらしい仲間と、平尾台というフィールドに"乾杯!!"

【山田弾薬庫跡地のカメ化石】

（二期生・亀井俊幸）

また、1990年8月に、いのちのたび博物館の「バスハイク恐竜を捜そう会」で、小倉南区の長行に行った際、そこの崖の中からもカメの化石のかけらを見つけた。かけらから恐竜の化石が出てくる可能性がわかり、後日、私を含めた3人の努力によって、ここから、小型肉食恐竜の歯を数本発見した。この現場は、私の家に近く、仕事の帰りや休日に、何度も何度も石を持ち帰って、石を割り、中から2本の歯を見つけることができた。

九州の化石を発見することは、私の夢の一つだったので、夢が一つ叶ったできごとだった。

【若松北海岸のクジラの化石】

（二期生・亀井俊幸）

KCC員は、若松北海岸で貝類や魚類などの化石を調べてまわった。引き潮になったときに海岸に行き、新生代の生物を調べた。その調査でクジラの新種や、ペンギンの様な飛べない鳥の化石を得ることができた。

調査は、主に曾塚孝先生、池内英雄君、多田隈優君、それと私で行った。産出したクジラの化石は、脊椎骨は上下まちまちだったが、胸部や腹部の化石はいずれも腹側を上にむけて仰向けの状態で産出した。多分、死後腹部にガスがたまって仰向けになり、化石化したと考えられる。

いずれのクジラの化石も、クリーニングしたのち北九州市立自然史博物館に寄贈し、私は自然史博物館友の会会誌9号に詳細を載せた。

クジラの化石について、メモを元にまとめてみた。

○遠見ガ鼻のヒゲクジラ

ヒゲクジラ亜目

ケトテリウム類

昭和56（1981）年9月30日

岩屋の遠見ガ鼻の岩屋で、1m四方のところに肋骨、胸骨、脊椎骨など数個が並に現れて表面にでていた。ほぼ完全な頭骨もあって大変貴重な化石だった。

○千畳敷の歯クジラ

歯クジラ類

昭和57（1982）年6月20日

干潮時に岩場が広く露出する岩場で、海岸に向かって化石があった。掘っていくにつれて、化石が続いて産出した。後日あらためて発掘し、頭骨

から頸部にかけて産出した。

○千畳敷のヒゲクジラ

ヒゲクジラ亜目　ケトテリウム類

昭和57（1982）年7月18日

化石ヒゲクジラのグループ千畳敷の歯クジラの場所から、10mばかり岸側で産出した。頭骨1個、脊椎骨4個、肋骨6本、肩甲骨1個、頚椎骨2個などであった。

○ともろビーチのクジラ

歯クジラ亜目　スクアドロン類　海生種でカワイルカの絶滅種

昭和57（1982）年8月16日

ともろビーチの正面にある2つの小さな島の、海岸から見て右側の島で見つけた。化石の表面には、大きな亀裂や縦横の無数の亀裂があり、最初は木の化石のように見えた。表面を少しクリーニングすると1本の歯が出てきた。最終的には2本の歯が残っている下顎だった。

○逆水海岸のクジラ

歯クジラ亜目アゴフィウス類　初期の原始的な歯クジラ類

昭和57（1982）年10月31日

逆水の海岸にでて右側の岩場で見つけた。岩のなかから頭の一部が出ていた。岩ごと掘りあげて、曾塚宅に運び込み、そこでクリーニングした。左右の上顎があるほぼ完全な貴重な頭骨化石で、博物館に収めた後レプリカを作った。

昭和52（1977）年頃から、北九州市の北海岸や馬島・藍島のクジラ化石をよく取りに行った。馬島の港から右手の海岸を探していて、クジラの脊椎骨を見つけた。時計とにらめっこをしながら、固い岩石と格闘し、やっと掘りあげて、重い石を抱えて船着き場まで走りに走った。

昭和56（1981）年の9月30日に、私が発見した遠見ガ鼻のヒゲクジラ化石の報告を曾塚先生のもとに届けたのは、授業が終わって職員室に戻ってこられたときであった。興奮した私は「クジラが見つかった。大きい。一人では採れないので、来てくれませんか」と電話をかけた。

放課後、遠見ガ鼻ですばらしい化石と対面した。

骨の形から頚椎骨と思われ、腹側を上にして頭が岩のなかに向かって潜り込んでいる。どこまであるのだろうか。地層の傾きから考えると、頭骨が完全に残っている可能性がある。もしそうなれば2人で掘るのは難しく手に負えない。

博物館のスタッフに手伝ってもらおうということになり、その足で八幡野博物館に行った。

後日、カッターなどの道具を持って、掘りに行った。少し掘って、化石が岩石のなかにどのようになっているかを検討した。意見が2つに分かれた。余りにも大きいので小さめに掘ろうという

クジラ化石

クジラ化石

考えと、無駄でも大きく掘ろうという2つであった。私は、もし化石の途中をカットすると大変なので、大きく掘る方が良いと言った。大きく掘ることになり固唾を飲んで見守った。一皮剥ぐように岩を動かすと、なかからはいつも見る黒色でなく生々しい薄茶色の化石が出てきた。その色は空気にふれて、次第に暗色になっていった。本当に感動ものだった。

■壱岐島の魚

昭和48（1973）年8月のことだった。魚の化石が壱岐島で産するので、行ってみようということになった。秋吉台カルスト台地遠征に継ぐ、KCCにとっては、2回目の調査旅行であった。参加したのは大江弘幸君、亀井俊幸君、添島修次君、高津浩二君、多田隈優君、樋口輝己君それに曾塚の7名であった。

壱岐島の魚の時代と地層は、新生代第三紀長者原層で、岩質は珪藻土の多い淡水性の岩質で、壱岐の魚の生息環境は、湖沼に生息する魚類だ。代表されるのはコイ科の魚のイキウス（Iquius）である。

KCCの仲間と、博多港から九州郵船フェリーで、壱岐の郷ノ浦港に向かった。そこでバスに乗り、島の反対側の長者原まで5〜6時間かかって、横断した。

次の日の朝、海岸に出ると丁度引き潮で岩場に出て、化石層を探した。海岸の転石を割ると、よく保存された大きな化石が出てきた。珪藻土層に添って大きく割れるので楽だった。特に魚の化石は地層に添って入っていて、化石が大きいので、その部分が割れやすくなっている。

珪藻土で軽いが海岸で海水を含んでいるために、大変重い。また、たくさん取れたので、帰りは大変だった。

クジラ化石

壱岐の魚化石は、壱岐に住む林徳衛さんが研究をしていて、報告書も出している。連絡をして自宅に伺い、多くの標本と、話を聞かせてもらった。八幡東区に娘さんが居られるそうで、よく訪れるそうだ。

帰りのフェリーでは、イルカが船を伴走するようにたくさん泳いでいて皆で興味深くいつまでも眺めていた。このときの魚の化石調査の経験は、後に行った旧山田弾薬庫での、魚類の化石の発掘に大変役に立った。

また壱岐島の魚の化石は、その後誕生した北九州市立自然史博物館に寄贈した。

■ストロマトライトを見つけた

魚の化石がどこから産出するか、北九州高等学校の理科部員やKCCの仲間と確認してまわった。この時のことを魚類化石発掘調査書では予備調査と名付けた。この予備調査のとき、山田弾薬庫正

面ゲート横の崖で、50～60cm大のストロマトライトの塊を見つけたが、後日、改めて採集することにしていた。

10月になって、東京から長谷川善和さんが小倉にやって来て、魚の化石の産出地に案内し発掘現場を見てもらった。

そのとき、「実はストロマトライトが見つかった。今日来るというので、産出状態を見てもらおうと思っていた」などと説明した。

長谷川さんは「間違いない、ストロマトライトだね。ここは、中生代ですね。」とおっしゃったので「そうです、太田喜久さんの研究では、脇野亜層群で、時代は中生代です。魚の化石は、このストロマトライトのある地層の数メートル上の地層です。同じ中生代です」と答えた。続けて長谷川さんは「ストロマトライトを1つもらえませんか。写真もいいですか」とおっしゃるので「どうぞ1つあげましょう」と答えた。

タガネとハンマーで化石をおこして長谷川さんに渡し、太田正道さんにも博物館用に1つあげましょうと言った。私は、一番大きい塊を採集袋に入れて、重い化石を抱えて崖を降りたものだ。「このストロマトライトは新種でしょうから、誰か研究してもらえる人はいませんか。また、魚の化石は中国の熱河の化石や、アメリカのディプロミスタスと関連する化石で、新種になるでしょうから、研究者はいませんか」

そこで、ストロマトライトは石島渉さん、魚の化石は上野輝彌さんの二人を紹介してもらい、研究を委託しようと考えた。

後日、理科部の池内英雄君が、「先生、あのストロマトライトを掘ったそうですね。」と言ったので「長谷川さんがやってきたときに、掘りあげ1つあげました」と伝えた。池内君は、魚の化石を調べていてストロマトライトを見つけたときに同行していたのだ。

■南極東オングル島の石

昭和52（1977）年春、友の会事務局長の私は、高等学校同期生の藤島博明さんにある相談をした。

藤島さんは、九州大学医学部に在学中に山岳部に入部していたので、おそらくその関係だと思われるが、南極越冬隊の医師として、みずほ基地に行くことが決まっていた。そこで、私が北九州市に自然史の博物館を創ろうと考えていて、昨年山田弾薬庫で魚の化石を掘ったことや、市長が関心を持っていることを伝え、開設予定の博物館ができた際に南極の石も収めたいので、どうにか入手できないかと南極の石の収集の話を相談したのだ。自然史友の会事務局長曾塚孝の名前で、正式に収集依頼書を作成して藤島さんに託した。

昭和53（1978）年5月22日、藤島さん（第18時南極観測隊隊員・楠宏隊長）が帰国し、依頼していた南極の石が私の手元に送られてきた。日本の昭和基地がある東オングル島の転石やモレーン14個であった。早速、博物館の準備室に持っていって、藤井厚志さんに南極の石の鑑定を依頼した。その石は、ザクロ石黒雲母片麻岩で約4億年前のものであった。

南極の石は、由来をメモして博物館準備室に寄

魚化石

贈した。

■梅花石

昭和51（1976）年11月26日、門司駅近くの人から、梅花石を見に来ないかと電話があった。梅花石は、場所指定の福岡県天然記念物で、入手する前は建物の礎石などに使われていたため、建物の解体などの時に、入手したとのことであった。

梅花石はウミユリの化石で、ウミユリだけでは、進化が遅いので地質時代を特定できず、県の天然物の梅花石時代の特定はできていなかった。ウミユリのそばに、進化の早いアンモナイトの化石が、いくつもあるのを見つけた。そこで、何とか研究させてもらえないか相談した。

「山田弾薬庫の魚の化石を掘った曾塚さんになら、手持ちの梅花石をさしあげてもよいですよ」との申し出があった。そこで、アンモナイトの研究者に、研究委託をすることの了解を得た。アンモナイトの研究は、佐賀大学の西田民雄さんに連絡をしていた。

西田さんは研究委託後に、南極越冬隊に参加され、雪上車で大陸の内陸部に入り、多くの隕石を調査された方である。

帰国後、やっとアンモナイトの研究結果がでたということで、新聞記事になった。

梅花石の時代は、古生代石炭紀であった。

福岡県天然記念物　赤間硯の硯石材

岩質：暗赤紫色の輝緑凝灰岩層

化石：ウミユリ（梅花）　五角棘をもつ海百合（crinoid）化石

共産化石：アンモナイト、直角石、腕足類、四放サンゴ

時代：アンモナイト化石で時代が決まった

石炭紀早期トルネイ世〜ビゼー世のもの

3億5000万年前のもの

平尾台とホタルについて

■中村光男さんとの出会い

昭和51（1976）年4月、小倉北区の淡水魚類化石の採掘現場でのことだった。場所は旧山田弾薬庫正面ゲートの横の魚類化石の出る崖である。その崖のそばに、2〜3m幅の小熊野川が弾薬庫の中から北に向かって流れ出ていて、そこでゲンジボタルが6月に乱舞していた。

■中村さんとホタルの研究

中村光男さんは、勤務先の中学校でゲンジボタルの飼育を永年行っていた。私は魚の化石の発掘後、市立の博物館の新設に携わり、友の会の設立を行ったり、機関紙の発行を行っていた。その友の会に、中村光男さんが入会してきた。中村さんが、ゲンジボタルの飼育記録を克明に記していたのを、私が書き起こして、友の会機関紙に掲載したのが契機で中村さんとの交流が始まった。

■北九州市立ほたる館

中村光男さんは、弾薬庫の下流約1kmの小熊野川右岸に、市立のほたる館を建設したり、ほたる研究会の育成に携わったり、最近は全国ホタル研究会の会長になっていた。

■平尾台とホタルの棲むところ

中村光男さんから電話があり、その内容は「平尾台でもホタルが飛んでいるようで、カルスト台地でホタルが舞っているのは全国的に珍しいことなので、協力して欲しい」とのことであった。平尾台カルスト台地に、ホタルが飛びかう？　水の

ないカルスト台地に、ホタルが飛びかうとは、本当にびっくりした。しかし、カワニナが棲む水場があることを知っていたので、その場所を電話で話して、平尾台に一緒に行きましょうと話をしたのが、平成28（2016）年7月のことだった。

■平尾台のホタル

私の今までの経験から、平尾台でカワニナがいてホタルがいそうな所は次の所である。①広谷湿原、②千仏川の千仏鍾乳洞周辺、③内ノ蔵川の上流部分の内ノ蔵、④本村周辺には地表水があり、カワニナの生息が確認されるところだが、ホタルは確認していない。

ともに、昔人家があったり、水田耕作があった所である。ただ互いに距離があるため、ホタルの移動距離が300m近くであることから考えると、カワニナがいてもホタルが生息しているとはわからないと中村さんは言う。また中村光男さんは、300mと標高が高いのでホタルの出現時期はいつなのか、個体数はどれくらいかなど、知りたいことが多いそうだ。

■平尾台のホタルの現地調査

とにかく「現地を調べてみよう」「近くに住んでいる人に聞いてみよう」ということになった。

上記の中で①の広谷湿原と、④の苅田町の北谷で、ホタルの飛翔の確認ができた。また、平尾台でのカワニナの生息の確認ができ、いずれの場所でも生息していることが確認でき、その後数回の現地調査で、さらに彦巣根神社がある洞窟などでもカワニナが確認できた。

■平尾台に陸生ホタル

そんな時に、中村光男さんの友人で、最近平尾台に居を移した人からの話で、陸生のホタルがいることがわかり、現地を調べたのが平成28（2016）年8月上旬の夕方だった。これで平尾台で、陸生のホタルも生息していることが確認できた。

また、ゲンジボタルも陸生のホタルも昼間の休息するための場所として、平尾台では近くに常緑の樹木の林があり、日が暮れると、その林からホタルが飛び出してくることもわかった。

■中村さんとホタルの研究のいくつか

中村光男さんによると、カルスト台地でゲンジボタルの確認と陸生のホタルが確認されたのは、日本では初めてだそうだ。私も調査に同行していて、わりに小さな水の流れの中でもカワニナがいることがわかった。

また、フォッサマグナを境にして、北のゲンジボタルと南とは光る間隔が異なること、またフォッサマグナ周辺では光る間隔が異なること、羽化する時の土壌の湿度が異なることを調べていること、カワニナの種類とホタルとの関係でカワニナの形態の違いや、カワニナとシリオレカワニナで異なることや、カワニナとホタルの関係について、まだわかっていないことが多いことなどを話してくれた。

今、中村さんは、ホタルのDNAの分析をしているそうだ。

私たちとホタルとは、身近な関係だが、掘り下げて考えてみると、わからないことが沢山ある。

【平尾台広谷湿原のゲンジボタル】
　　（全国ホタル研究会　前会長　中村光男）
　10数年前、平尾台を散策していた時、広谷湿

原のなかを流れる水中で、偶然にカワニナが生息しているのを見た。

それから何年も忘れ去っていたが私は以前からホタルに関することを調べていたので、ふと数年前から湿原のカワニナを思い出し、カワニナ＝水生ホタルの関係でゲンジボタルかヘイケボタルが生息しているのではないかと推察した。

だが、調査は夜の行動であり、なかなか思い立てなかった。何とか同行者を得て実行することができた。平成22（2010）年7月、湿原が高地にあるので、平地より2週間程度遅い日を調査日とし、現地へ到着。だんだん日が暮れていくなか、午後8時、1匹目の飛行を見ることができた。2回の調査で16匹余の発生を確認できた。

以後、平成23（2011）年、27（2015）年、28（2016）年と年ごとの調査の月日を変えて観察を続けているが、平尾台での初見日、最盛期などは今のところ不明である。

平成28（2016）年の調査では約40匹余の飛翔が見られた。

その他、青龍窟から流れ得る河川でも生息確認。千仏鍾乳洞河川は未確認だった。

なお、平成28（2016）年の調査時、陸生ホタルの幼虫1種類も確認できた。

■陸生ホタルの名前

中村光男さんは、平尾台の陸生ホタルの幼虫の写真を横須賀のオオマドボタル研究所の大場信義さんに同定依頼をした。大場さんは「写真を見ると、陸生オオマドボタルの幼生です。羽化までに2年ほどかかる陸生のホタルです。幼虫は尾端に一対の発行器があり連続光を放ちます。成虫は夜には連続して発光しますが、光はあまり強くありません。昼間は、草の葉に止まり時々飛翔します。メスは羽が退化し全く飛ぶことができず、林床をはう。体の尾端に一対の発光器を有し、夜は小さい光を長く点滅させます」と手紙に記してきた。

中村光男さんは大場さんとの交流の中で、陸生ホタルには小さい個体と大きい個体が混成していて、2年で成虫になることや、また、オオマドボタルは九州にはあまりおらず、日本の西に多く、東側には近縁種のクロマドホタルが多いこと、そして両種の分類は不明確だということを知ったそうだ。

メスは、先にも述べたように飛ぶことができないので、1本の木をテリトリーとする。オオマドボタルは環境が変わると生存が困難となる。

日本のカルスト台地での生息は報告されていないが、平尾台では上記のように確認することができた。平尾台には水生のゲンジボタルと陸生のオオマドボタルの2種が確認されたことをここに報告する。

平尾台のホタルのリスト
水生：ゲンジボタル
陸生：オオマドボタル

平尾台の広谷地域

平尾台の北東の広谷地域は、石灰石と花崗岩とが接するところで、苅田町の等覚寺（とかくじ）や青龍窟（せいりゅうくつ）があって、昔から山岳信仰の人たちが住んでいた。青龍窟の西には広谷台という石灰岩の台地がある。ここに南北方向に貫入している半花崗岩のアプライト質の岩石がある。台地の南端は鬼の唐手岩と呼ばれていて、岩のぼりにも使われている。その下には、滝不動ドリーネがある。このドリーネ（標高350m）が

形成される前はこれによって盆地状の広谷に水がせき止められて、広谷湿原が形成され、泥炭質の堆積物が形成されたと考えられる。

鬼の唐手岩と滝不動ドリーネの地下には、青龍窟という石灰岩洞窟があり、青龍窟の洞口部には神社がある。古くから山岳信仰の山伏たちの信仰の場となっていた。

広谷湿原は上と下に分けられ、下の広谷湿原の水は産湯の水、末期の水として使われていた。上の広谷湿原には、北方の花崗岩地からの地表水を用いて水田耕作が行われていて、北谷の人々が柳峠を通ってきていた。

上の広谷湿原と下の広谷湿原との間は、小高い丘状になっていて、今はそこに登山道がある。この丘は細長く、幅10m高さ5mばかりのもので、これによって上の湿原と下の湿原が分けられており、そこには泥炭層は見られない。上の湿原には花崗岩地由来の水源があり、その下流には石灰岩洞窟の広谷の穴があいている。天井は平天井で、床は花崗岩の風化した砂礫層が堆積している洞窟を形成している。洞内の水はアプライト質貫入岩にぶつかって下流に地下の滝を形成して、滝不動や青龍窟へと流れている。

下の広谷湿原は西側の四方台の石灰岩地由来の水が地下を流れ、湧水として地表に流れ出て湿原を形成して、泥炭層を形づくって、やがて、滝不動へと流れている。

上の広谷湿原にも、下の広谷湿原にも泥炭層があり、オオミズゴケ、ミミカキグサ、ツリフネソウ、ノハナショウブ、サワギキョウ、ミツガシワなどの湿原性植物が生育している。

上の広谷湿原の中央部には、地表水の小川があり、河岸にはヤマヤナギなどの低木林が見られる。また水田耕作跡があり、水田の最上部にはかつて氷室があって、初夏まで冬期の雪が氷となって保存されていた。そんな氷室が3室か4室あっ

たようである。

広谷の穴は平天井で横方向に形成されている。

青龍窟は鬼の唐手岩の下部から地下水が流れ込んでいて、滝不動ドリーネなどに由来する水などによって下方に刻みこまれている。青龍窟は曲流現象が多く見られ、風穴式開口部がいくつかあって、冬期地下の洞内空気が地表の冷気にぶつかって噴気状の霧の様子が見られる。

理科部員は青龍窟を測量して、100mもある石灰岩洞窟の階層構造を調べた。青龍窟の上層部には、ナウマンゾウ、ステゴドンゾウ、ニホンムカシジカなどの化石が産し、神社のある開口部の祠近くではモウコノウマなどが、岩の間から見つかっている。約8万年くらい前の阿蘇4火砕流が青龍窟をすべて埋めてしまい、KCCは、火砕流が堆積した下端と新しく下刻された長さから0.19～0.20mm／年の下刻速度を調べた。

広谷地域は、石灰岩、花崗岩が接しているところで、石灰岩地には見られないクリやヤマツツジの低木林が見られ、ノハナショウブ群落、オオミズゴケ群集など、植物の面白い植生が見られる。

また、地表水による泥炭層の形成と、石灰岩洞窟形成地下河川による滝の形成、曲流現象など、地表水・地下河川の様子なども面白い。そこに生活している人々の水田耕作、放牧や修験道における特有の神祭の白山神社の松会（まつえ）行事など、自然も人文も面白い地域である。

前ページの、広谷地域地形概念図と広谷地域地形断面図は広谷地域を知る資料にしてほしい。

理科部の活動のまとめ

終戦後、700～800m近くの山登りをしていたことから大学では植物生態学を学んだ。就職した

広谷地域地形概念図

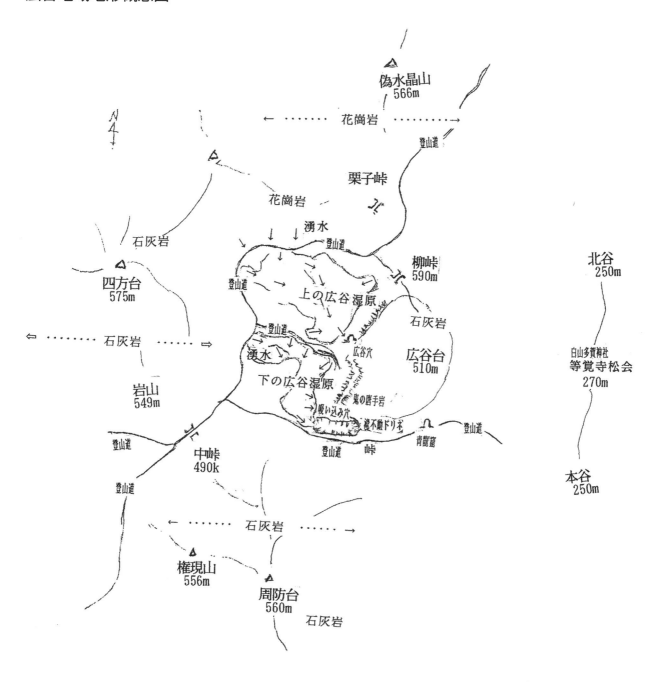

広谷地域地形断面図

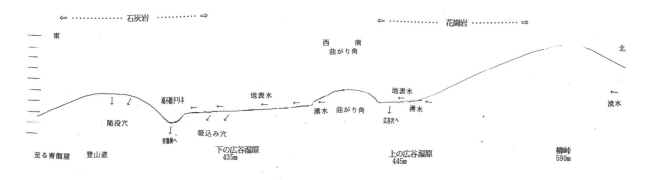

新設校の県立高等学校では、創部したばかりの部活動で、平尾台の石灰岩洞窟に入ったり、平尾台の結晶質石灰岩を調べることで、地質学を学んだ。

高等学校の理科部では、自分のテーマよりも部員の興味や関心や疑問が中心になって、調査や研究のテーマが決まっていった。

それから新設校も50年、理科部の部活動も50年が経過した。創部時の部員は、還暦を過ぎているが、常に私と行動してくれた。

その活動内容を振り返って、記録としてここに列記してまとめてみた。

1. 平尾台の石灰岩洞に入り、名前のついていない新しい洞窟を発見した。
　その結果、150本以上の洞窟があることがわかり「平尾台の石灰洞」としてまとめた。

2. 平尾台の石灰岩は結晶質になっていて、石灰岩の誕生時期の化石が見つからない。
　石灰岩の誕生時期の化石の調査を行い、石灰岩礫のなかから、フズリナやサンゴなどを発見した、九州大学や秋吉台科学博物館で研究して、古生代のサンゴ礁に由来することがわかった。その時の結果を「平尾台と秋吉台のフズリナとの比較検討」としてまとめた。

3. 平尾台の西側には、中生代の脇野層群が、広く堆積していることがわかった。この堆積物は、淡水のものであったため、古脇野湖と呼ばれ、大きな湖に住んでいた魚類化石を調べた。その結果、魚類化石の新種を2種類見つけ、北九州市立自然史博物館の新設につながった。

4. その調査の途中で、淡水性藍藻類のストロマトライトの化石を見つけた。

5. 北九州市立自然史学物館研究報告で、私たちが発見した魚類化石2種類とストロマトライトが新種として報告された。

6. 平尾台の町内の人から、平尾台に侵入してきた外来植物の除去を依頼された。伐採跡に、流水によって形成された微地形が確認された。その微地形に沿って、ヤマザクラの自生48本が確認された。

7. 平尾台の石灰岩洞の中から、いろんな動物の遺骸や化石などが発見された。
ニホンオオカミ3個体……小笠原の殿様に黒焼きが献上された報告がある
幼いナンマンゾウの歯多数……幼いナンマンゾウの歯が多くの洞窟のなかから多数発見
ニホンカワウソ2個体……カワウソが生息できる川という環境があったなど

8. 階層構造のある青龍窟が火砕流で埋まった。その後、火砕流は流れ出たが、地下水によって洞窟の下端が掘り込まれていった。青龍窟に火砕流が堆積して、新しく洞窟を掘り込んだ期間を8万年として計算すると、下刻作用は0.19mm／年だった。

9. 魚類化石の調査の時に、県指定天然記念物に指定されている梅花石に関する情報があった。赤間硯の硯石材には五角棘を持つ海百合（crinoid）化石がある。ウミユリは進化が遅く時代の確定はできなかった。見せてもらった梅花石のなかに、アンモナイトがあるのを見つけた。許可を得て、研究者に調べてもらった。アンモナイトによると、古生代石炭紀早期のトルネイ世〜ビゼー世で3億5000万年前の古い岩石であったということがわかった。

10. アメリカのトレイルランニングレースで優勝した石川弘樹さんの希望で、平尾台でトレイルランニングレースを開催することになった。KCCは環境調査を行い、その6年間の結果をまとめた。日本で初めての平尾台トレイルランニングレースに関する冊子「平尾台トレイルランニングの魅力」を刊行した。

11. トレイルランニングレースの走者や関係者から、自分たちは走れるけれど平尾台のことを知らないので、解説書がほしいということで、本書「国定公園平尾台の魅力」を記すことになった。

12. 中村光男さんからの連絡で、カルスト台地平尾台でのホタルの調査を行った。日本ではじめてカルスト台地での水生ホタルと陸生ホタルの2種を確認した。

　私や、一緒に歩いた理科部員やKCC員たちの発した問題を解決していった。

　多田隈優君、樋口輝己君、亀井俊幸君、池内英雄君、宝庄一郎君、桑田和夫君らが行動を共にしてくれたおかげで、知らないことばかりで、基礎知識に乏しく、門外漢な私であったが、何とか発せられた疑問のいくつかを解決することができた。本当にありがとうございました。

第5章　理科部の物語

雨の日も楽しく　雨粒の大きさを調べよう

『 調べるもの：雨の日の雨粒・雪の日の雪粒・あられ　など 』

A－1 用意するもの	1. 小麦粉やきな粉などを500gくらいをふるいにかける 　　@ふるいがなければ茶こしでもいいです 2. ふるった粉を30cm²くらい、深さは3〜5cmの受け皿に入れる 　　@受け皿は何回も使うので、ぬれても丈夫なもので、ふたがあるものを用意しよう
A－2 雨がふってきたら	1. 受け皿を平にして、雨（雪）を受ける 　　@かさのしずくに気をつけよう 2. 30秒間、雨を受けて、雨を小麦粉まぶしにする 　　@受け皿に降った雨は受け皿をゆっくり動かしてすぐに粉まみれの雨粒にする 3. 雨粒を壊さないように、ふるいにかける 4. 粉まみれの雨粒をタッパーにいれる
A－3 雨粒を保存 したいなら	1. 粉まぶしの雨粒をフライパンに入れて、少しこげるまでこがす 　　@こがしすぎると、粒の形が少し小さくなります 　　@粉まぶしの雨粒は5年たっても形は変わりませんでした 2. もう1回ふるいでふるう 3. タッパーに雨粒を入れて保存する 4. ラベルをつけて保存する 　　@ラベルには年・月・日、雨をうけた時間、雨の降り方、などをメモします
A－4 保存している 雨粒を調べる	1. 雨粒の大きさ 　　@大粒雨・中粒雨・小粒雨など、雨の降り方で雨粒の大きさは変わります 　　@粒の大きさと雨の降り方とは自分で考えてメモしましょう 2. 雨粒の混ざり方 　　@雨の降り方で雨粒の大きさは異なります 　　　小雨のときは、雨粒が小さいものが多いです 　　　ドシャブリのときは、いろんな大きさの粒があります 　　@雨の降り方と雨粒の大きさはどのようになるか調べてみましょう 　　@受け皿のなかで雨粒が合体する複合型の大きな雨粒ができます 　　　雨粒が合体していない単粒型、合体した複合型、いろんな大きな雨粒が混ざります 3. 雨粒と雪とは粒の形がちがいます 　　@どのようにちがうかを、考えてみましょう
B 雨の量と形を 調べてみよう	1. 単位時間に降る雨粒の数と量を計算してみよう 　　@受け皿の面積と雨を受ける時間を調べるとわかります 　　@調べ方は、自分で考えてみましょう
C そのほか雨粒でどん なことが調べられる か考えてみよう	＊雨粒の調べ方は、自分で考えてみよう ＊雨量などの調べ方は、気象台で決められています

第 5 章　理科部の物語

DNA を取り出し、アルコールづけをつくる
DNA の特徴を生かして家庭にある道具で簡単に取り出せるように工夫した
（DNA の二重らせん構造は、電子顕微鏡でも見えない）

材料と薬品	作業のコツ
材　料：よく成長している生の材料 　　　　植物・ブロッコリー　タマネギ　など 　　　　動物・レバー　など	コツ：適する材料・細胞分裂をしている 　　　　若い細胞が多く水分が少ない 　　　　細胞が小さい
抽出（取り出し）液： 　　　　食塩・12ｇ（大さじ1杯）（1モル相当） 　　　　台所洗剤・20ml　小さじで1杯を 　　　　水に加えて200mlにし、よく混ぜる	コツ：核のなかにあるDNAを取り出す 　　　　核膜や細胞膜を分解する 働き：核酸は$NaCl$によく溶ける（塩析） 　　　　DNAを長くつなぐ（イオンでなくなる） 働き：中性洗剤のなかの界面活性剤で 　　　　核膜や細胞膜を溶かす
分離液：60％エタノール（エチルアルコール） 　　　　DNAをアルコールのなかに移動させる	コツ：経験から燃料用アルコールでも可能 　　　：経験から濃度は変化しても可能
保存液：60％～90％　エタノール	コツ：経験から60％でも可能

抽出作業の手順	作業のコツ
手順1：材料をすりおろす 　　1. ブロッコリーをおろし金ですりおろす 　　2. すりおろした液を乳鉢に入れる	コツ：手早く作業する 　・材料や器具を冷やしておいてもよし 　・DNAは切れやすいのでゆっくりとゆするだけ
手順2：DNAを抽出（ちゅうしゅつ）する 　　1. 乳鉢に抽出（取り出し）液を入れる 　　2. ひたひたになるくらいの量を入れる 　　3. 5～10分間おき、ときどきゆっくりまぜる	コツ：ときどき全体をゆっくり動かす 　・界面活性剤で核膜・細胞膜を壊す 　・塩分でDNAを抽出する
手順3：ろ過（ろか）する 　　1. 茶こしでろかして、ろ液（青汁）をつくる 　　2. ろ液（青汁）をとうめいな入れ物に入れる	コツ：乳棒（にょいぼう）で、ろ液（青汁）を 　　　　押し出すようにする
手順4：DNAを分離（ぶんり）する 　　1. 駒込ピペットで壁に沿って60％ 　　　エタノールをそそぐ 　　2. 二層（にそう）になるように壁に沿って 　　　ゆっくりそそぐ	コツ：青汁の上にアルコールをのせる 　・ゆっくりそそぐ 　・強くゆすらない 　・エタノールの深さは1cmくらい 　・アルコールのなかに、わたぼこりのような 　　DNAがあらわれる
手順5：DNAを取だす 　　1. 少しゆするとアルコールにDNAが出てくる 　　2. 保存瓶にビンの半分くらいアルコールを 　　　入れる 　　3. ピンセットで糸状のDNAをつまみ出す 　　4. アルコールの入った保存瓶にDNAを入れる	コツ：2層をくずさないようにする 　・2層は下に青汁、上にアルコールとなる
手順6：保存（ほぞん）する 　　　DNAを、60～90％エタノールに入れて保存	コツ：DNAは切れやすいので、ビンを激しく 　　　　ゆすらない、日光に当てない

九州工業大学　理数教育支援センター　客員教授　曾塚孝

135

第5章　理科部の物語

《福岡県立北九州高等学校・理科部の活躍》

　理科部が誕生し、その後KCCが誕生した。高校の部活動は、その時々の部員からの興味や関心を調べることで活動を進め、何とか1つずつ形にしてきた。ただ、初期の希望のなかで実現できずに残っていたのが、採集をしてきた標本を収める博物館を新設することであった。古脇野湖の魚類化石を追いかけることになり、その結果、その夢も「北九州市立博物館」として叶い、友の会もできた。

　博物館には、学芸員の要望で平尾台の植物園も創ることになり、平尾台の植物には平尾台の土壌が必要だということで、平尾台の土を運んだりもした。平尾台のマダケを伐採したり、トレイルランニングレースが平尾台で行われることになって、レースに対応する環境評価調査も行った。

　その間、北九州高等学校では理科部の活動は中断していたが、残った理科部員のなかで「何かしたい」「何かしようや」と相談した結果、「魚が好きだ」「市内を流れる紫川を調べよう」という話になり、理科部が魚部となって活動を再開。今、部活動の魚部は、学校から離れて魚部として活躍している。

活動の時期	活動の様子	出版文献・記録
天文観測 天体望遠鏡1台で観測し、天体写真を撮った	・学校で観測できる星座を撮り、第1回、第2回文化祭で発表（天体観測） ・平尾台カルスト台地の洞窟調査を行う。高校生が洞窟調査を行うのは日本で初めて。第2回、第3回文化祭で発表（洞窟内の動物獣骨）	・「平尾台の自然―洞穴・獣骨・成因―」福岡県教育委員会，教育・化学研究集録，1971年 ・「シチメンソウの生育域の変遷について」生物福岡15号，1975年
洞窟調査 平尾台、秋吉台で調査。最初は横穴に入り、縄ばしごやワイヤラダーなどの道具を作り竪穴に入る	・平尾台でKCCが新しく発見した洞窟や、名前は知られていたがまだ誰も入っていない洞窟へ入洞 新発見の穴：平尾穴、広谷の穴、人参窪第二、千貫岩穴、ガマ穴 新入洞の穴：人参窪第一、こむそう穴、光水洞窟平尾台で新発見された動物化石：ニホンサル、アナグマ、ニホンシカ、ニホンムカシシカ、ニホンオオカミ、タヌキ、ニホンイノシシ、ヤマイヌ、ニホンカワウソ、ヤベオオツノシカ、ステゴドンゾウ、ナウマンゾウ　など多数	・「平尾台の石灰洞」日本洞窟協会，1972年 ・「平尾台の自然―洞穴・獣骨」生物福岡12号，1972年 ・「平尾台芳ヶ谷水系洞窟群の発達」洞窟学会第1号，1976年 ・洞窟学会で石灰洞について発表 ・「石灰洞窟内で発見された九州産ニホンオオカミ遺骸」群馬県立自然史博物館研究報告，2004年 ・「平尾台青龍窟からのステゴドン化石の産出」北九州博物館報告，1980年 ・「平尾台青龍窟産ナウマン象幼児化石（予報）」北九州博物館報告，1980年

第 5 章　理科部の物語

化石調査 石灰洞内の化石を調査。若松海岸、馬島、藍島の化石調査。九州大学地質学教室に1年間留学し、フズリナ化石の調査	・北九州市周辺で新種の動物化石を発見した。クジラの仲間（亀井、池内、曾塚）、ペンギン様トリ化石（亀井、池内、曾塚）、カメの仲間（亀井） ・平尾台の誕生、平尾台の歴史に関する調査。平尾台は2億5000万年前に赤道付近にあったテチス海のサンゴ礁だった。プレートの移動で日本に来て付加帯となる ・約8万年前に阿蘇山の大爆発で平尾台の青龍窟などの洞窟が火砕流で埋まった ・青龍窟が火砕流で浸食、さらに下刻され、下刻速度は0.19〜0.20mm／年であった	・「北九州市藍島の化石」生物福岡，1981年 ・「福岡県平尾台の洞窟から産出した第四紀哺乳動物化石」北九州博物館報告，1984年 ・「福岡県の紫川流域に産する紡錘虫化石と秋吉台の紡錘虫化石の比較検討」秋吉台科学博物館報告11，1975年 ・九州大学地質での研修報告 ・青龍窟の下刻速度について洞窟学会において発表
魚類化石調査 本調査の前に周辺を調査した際、魚類化石の存在を確認し、本調査の発掘場所を調べた。その段階でスレンダー型のタイプ標本を発掘した	・北九州市に自然史博物館を創ろう会を高等学校の理科の先生などで創り、2年間審議した ・福岡県の筑豊地方から山口県の萩市までの広い範囲に大きな湖があり古脇野湖と呼んだ ・北九州市の山田緑地は古脇野湖の岸部近くにあり、新種の淡水魚類化石、淡水藻類化石等が多数見つかった	・博物館を創ろう会の博物館構想 ・「理科Ⅰ進化項目の生徒実習としての系統図の作成」生物福岡25，1985年 ・「北九州市小倉産白紀魚類化石第一次発掘調査報告書」北九州市，1977年 ・「北九州市小倉産白紀魚類化石第二次発掘調査報告書」北九州市，1978年

北九州市自然史博物館研究報告第1号
・「北九州史小倉南部の関門層群」第1号，1979年
・「Early Cretaceous Freshwater from Northern. Japan. Description of Two New Species of the Clupeid Genus Diplomystus.」：新種の淡水魚類化石2種のうち Diplomystus primotinus so. novは曾塚孝が発見、採集をしたもの
・「A New Croococcacean Algae from Kokura, Kitakyushu City, Japan」：新種の淡水藻類化石。この種のEndophycus wakinoennsis n.sp.は曾塚孝が発見、採集をしたもの
・「北九州市産化石カイエビ類について」：新種の淡水産カイエビ類化石
・「漸新—中新世のペンギン様鳥類化石」：新種のペンギン様鳥類化石。この種のペンギン様鳥類化石は亀井、多田隈、池内、曾塚が発見、採集をしたもの

博物館創設 博物館を創ろう会を新設し、基本構想を構築した	・新種の淡水魚類化石を保存するために北九州市は、北九州市立自然史博物館を新設した。自然史博物館を創ろう会の構想が本当に現実の姿になった ・戸畑区役所で産声を上げた北九州市立自然史博物館は、国	・「福岡県地学のガイド」コロナ社，福岡県の地学とそのおいたち，2004

	鉄八幡駅舎の2階に移転して展示活動を開始。その後、北九州市立水道局舎に移転して充実されてきた。北九州市は市内にある考古博物館、歴史博物館、自然史博物館の3館が、北九州博覧祭跡の施設を利活用して、北九州市立自然史・歴史博物館（通称いのちのたび博物館）に新設、再誕生した	
平尾台保全 平尾台の外来植物の除去（主にマダケ）をした。博物館に平尾台の植物園を新設し、平尾台の植物の特徴を確認した	・博物館に博物館友の会を創り、機関紙や野外観察会などの活躍が行われている ・いのちのたび博物館の要請で、平尾台植物園を新設するため、平尾台の土壌約70tを博物館に運び、約200種類の絶滅危惧種などの貴重種を植えた ・平尾台の外来植物、不要植物の除去を行い、平尾台の昔日の植物景観の回復作業を行う	・「わたしたちの自然史」友の会の機関紙の年数回発行を定例とした博物館は、仮事務所の国鉄八幡駅から北九州市の水道局跡地へ、さらに現在の場所に移転して、歴史博物館と共同展示を行うようになった ・福岡県に報告書を毎春提出している
平尾台環境調査 平尾台の土壌調査を行い、レースの環境調査を行った	・平尾台で40kmのトレイルランニングレースを行うことになり、土壌負荷に対する環境調査を行うことになった	・「原野を調べ・原野を走り・原野を知る」トレイルランニングレース報告，北九州・平尾台トレイルランニングレース実行委員会，2015

理科部員およびKCC部員で活躍した北九州高等学校の理科部員とそのOB
　二期生：大江弘幸　高津浩二　多田隈優　亀井俊幸　木本貞孝　添嶋修次　樋口輝己
　三期生：手塚（平山）明子　横山真知子　米村（池田）ゆかり
　五期生：畑間悟
　六期生：多田隈（藤原）恵子
　九期生：池内英雄　宝庄一郎　桑田和夫　他
指導教師：曾塚孝（生物）　須藤泰弘（地学）

魚化石発見者：鈴木隆
魚化石発掘調査：第1回　昭和51（1976）年4月29日〜5月5日
　　　　　　　　第2回　昭和52（1977）年4月29日〜5月5日
恩師：太田国光（生物学教師）　山岡誠（生物学教師）　木下道夫（地学教師）
協力者：光田和弘　水島明夫　成水秀一　真鍋徹　藤井厚志

関連事項：千仏鍾乳洞　国・天然記念物　昭和10（1935）年12月14日指定
　　　　　平尾台国定公園　国・天然記念物　昭和27（1952）年2月23日指定
　　　　　青龍窟　国・天然記念物　昭和37（1962）年1月26日指定
　　　　　北九州国定公園　昭和47（1972）年10月16日指定

《年　表》

年	月　日	出　来　事
昭和20（1945）年	8月16日	米軍山田弾薬庫が接収。旧陸軍山田弾薬庫使用放棄。
昭和21（1946）年	7月	平尾台に初登山。戦時中陸軍の要塞地域になっていて立入禁止に。
昭和41（1966）年	4月	北九州高等学校創立。
昭和42（1967）年	4月	北九州高等学校・理科部創部。
昭和43（1968）年	4月	北方の福岡教育大学小倉分校が、統廃合で宗像の地に移転した。 北九州高等学校は小倉城横の仮校舎から、小倉南区の北方へ移転する。
	8月	北九州高校理科部が、開校されたとき天体望遠鏡が1台あった。それを持って空気のきれいな平尾台へ。平尾台にて、天体観測と洞窟調査開始。
昭和44（1969）年	5月	理科部の活動は、洞窟調査が主体となる。
	6月	集まった動物の骨は、シカ・イノシシなどの大型の動物のものから、ネズミ・モグラ・コウモリなどの、小型のものまである。中には、なにかわからないものがあった。高校の先生で動物が専門の、小倉高等学校の山岡誠さんに見てもらうことにした。
	10月	第1回の文化祭で、天体写真と牡鹿洞で採集した動物遺骸の、展示を行う。採集した標本のラベルは、北九州市立自然史博物館とした。
	10月	縄ばしごができたので、竪穴のこむそう穴に入れるようになり、竪穴の調査開始。竪穴のこむそう穴には、昭和44（1969）年10月より、昭和47（1972）年1月3日までの間、8回調査を行う。
昭和45（1970）年		理科部と北九州ケイビングクラブ（KCC）を、併称する。 秋吉台に遠征し、秋吉台の洞窟調査と博物館の見学と博物館活動を協力する。
	12月13日	新しい竪穴を発見。縄ばしごができたので、それを持って入洞する。 平尾台で68m・テラス数9の竪穴で、大平山の中腹に開口していた竪穴である。洞窟の名称を大平穴とする。
昭和46（1971）年		日本洞窟協会が、数年前に発会した。まだ戒厳令下の、韓国洞窟学会が誕生し、韓国洞窟学会との日本洞窟協会の交流が行われた。韓国洞窟学会との交流をしようと試みた。
		韓国洞窟学会誕生した後、学会員18名が来日し、教育視察で北九州高等学校を訪問した。
昭和47（1972）年	2月	米国より山田弾薬庫全面返還される。340万平方kmが大蔵省管理となる。

第5章　理科部の物語

昭和48（1973）年	4月	曾塚孝、学校を離れて九州大学理学部地質学教室に、1年間留学する。中生代白亜紀の基底礫岩の中にある石灰岩礫のフズリナの研究のため、鳥山隆三さんに師事する。博物館を作るためには、博物館学芸員の資格を持っていることが必要だと考え、曾塚は文部省で行われている博物館学芸員の試験を受験することにし、関係資料を取り寄せて、申請した。
	7月17日～8月18日	曾塚は秋吉台の科学博物館活動に協力する。秋吉台の白魚洞地下水系調査。
	8月	北九州高等学校理科部のOBは北九州ケイビングクラブと併称。壱岐島の魚類化石調査をする。
	12月	高等学校の生物の先生方が、北九州市に平尾台に自然科学関係の博物館を作りたいと会合する。市内の県立小倉高等学校の生物の山岡誠さんと太田国光さんの呼びかけで、生物部会などの有識者による2回目の会合が行われた。曾塚は九州大学に1年間留学していたので、会合に参加していなかった。後日両者と意見交換をする。曾塚が以前から博物館を作りたいと言っていることを知っていた。今後、両者は協力して会合することを確認し、曾塚が調整することになった。太田国光さんは私の高校の生物の御師で、山岡誠さんは後に自然史友の会の会長になってもらった。
昭和49（1974）年	1月	博物館を創ろう。平尾台の洞窟から産する動物遺骸や化石は、私物化すべきでない、何とか保存して活用したい。博物館を創ろうと前から考え、博物館学芸員の試験を受けることにした。文部省博物館学芸員資格取得する。1回の受験で合格できた。
	8月7日～8月24日	太田正道さんに誘われて、インドネシア・ジャワ原人産出のインドネシアサンギランの視察行くことになり航空券などを手配する。同行したのは、太田正道・配川武彦・曾塚孝の3名。
	10月	ワイヤラダーができたので、竪穴のこむそう穴に入った。
	11月	北九州市は山田弾薬庫全面使用要求。
昭和50（1975）年	5月30日	山田弾薬庫正面ゲート横の、約30mの崖下で遊んでいた小学生の鈴木隆君が魚の化石を見つける。北九州市高等学校の理科部が「化石調査をしているのでわかるだろう。これ魚の化石と思いますが」と言って、魚類化石4個体を持ち込む。その日の放課後、理科部員と現地調査を行った。まだあるはずだ。理科部の活動の中心は、魚類化石調査になる。

昭和50(1975)年	6月	**予備調査1**。鈴木隆君が持ち込んだ化石を産する崖を中心に、魚類化石類を確認する調査を行った。また、どんな魚であったのか魚類化石の標本を調べるため、文献を調べる。
		予備調査：理科部員とKCCにより調べた結果、広範囲で魚類化石が産することを中国・熱河の魚類化石などの魚類化石資料を集め文献を調べる。この期間を予備調査1と位置づけた。
		予備調査2。予備調査の時に、崖の中腹部分で塊状のラン藻類の化石を発見する。新属新種でエンドフィクス・ワキノエンシスと命名された。
		博物館を創ろう。動物遺骸や化石は私物化せずに、保存して活用したい。北九州市内の有識者に呼びかけて、具体的に行動することにした
	11月	博物館を創りたいという、いくつかの動きがあったことを知る。
		平尾台の広谷に博物館を作ろう、という動きが、高等学校生物の先生らにあったことを知る。
		地元の高等学校の生物の先生である。恩師の太田国光さんや、山岡誠さんなどが中心であった。
	11月末	北九州市立自然科学博物館設置世話人会(第1回)へ案内状発送。
	12月10日	北九州自然科学博物館設置世話人会(第1回)。県立北九州高等学校・生物教輪「北九州市立(仮称)」と呼称したい。予備調査・博物館を創ろう会を設置。
昭和51(1976)年	1月21日	北九州市立自然科学博物館設置世話人会　第2回案内状発送。(21名へはがきを発送)
	1月31日	北九州市立自然史博物館設置世話人会　第2回。
		北九州高等学校・生物準備室にて実施。呼び掛け・原案作成は曾塚孝。21名に案内し、出席者は10名。
	2月20日	北九州市立自然史博物館設置世話人会　第3回案内状発送。(21名へはがきを発送)
	3月6日	北九州市立自然史博物館設置世話人会　第3回。
	4月1日	勤務先の変更。北九州高等学校から小倉高等学校に転勤する。
		平尾台関連の化石類を北九州高校生物教室から自宅に移動創ろう会に報告。魚の化石を発掘は了解された。
	4月19日	北九州市立自然史博物館(仮称)設置世話人会第4回開催の案内状を発送。
	4月21日	参加者に案内状を発送する前に、山田弾薬庫魚類化石発掘準備。
		地主の内山緑地と財務局の了解を得る。
		準備はテント、地形図、モロブタなどを準備。
		参加者に案内状発送する前に、山田弾薬庫魚類化石発掘準備。
	4月29日	実施日は1日ずれた。朝テントを張り、発掘のための準備を北九州ケイビングクラブ員と行って協力者の到着を待つが、予定していた人が来ない。

昭和51（1976）年	4月29日～ 5月5日（7日間）	旧山田弾薬庫跡地の、小倉白亜紀魚類化石発掘調査を行う。
	5月22日	「北九州市立自然史博物館（仮称）設置世話人会」第4回。 小倉高等学校・生物準備室にて実施。
	6月	［時の流れ］北九州市立自然史博物館建設調査委員会。会長・鳥山隆三、副会長・永井昌文。
		報告書の下書きを、関係者に送り加筆を依頼終了。 「小倉産白亜紀魚類化石・小倉産白亜紀魚類化石発掘調査報告書」刊行。
	6月	北九州市は山田弾薬庫を委託貸与でと国に申し入れ。 ソ連の恐竜化石展が、小倉で開催されていた。 太田正道さんから、ソ連の恐竜化石展展示物のコピー行ったもので、その型を保管して貰えないかとの連絡があり、私の自宅車庫に保管し、博物館が正式に開館した時に移転させた。 日本洞窟学会の発足。 北九州市立自然史博物館調査委員会。会長・鳥山隆三、副会長・永井昌文。
	10月	北九州市立自然史博物館建設調査世話人会第4回。 北九州市立自然史博物館の建設について（意見）を作成。
	10月7日～ 20日	「化石からみた北九州」展　dipromystus展を開催する。 太田正道さんから電話で北九州市から発掘物の展示を行うように言われた。
	11月	平尾台の広谷に博物館を作ろう動きが、高等学校生物の先生らにあったことを知る。
	11月26日	梅花石とアンモナイト。北九州市門司区の福岡県の天然記念物・梅花石と共に産するアンモナイトで時代が確定された。 梅花石と同時に見つかったアンモナイトによって定められた。 その時代は、古生代石炭紀の早期トルネイ世～ビゼー世のもので、3億5000万年前のもの赤道近くのサンゴ礁に生息していた生物群であった。 北九州市の門司に住んでいる人から、曾塚に電話があり、標本を譲り受けていただき佐賀大学の西田民雄さんによって、わかったものである。 九州のなかで古い岩石の1つだった。
昭和53（1978）年	1月14日	北九州市立自然史博物館開設準備室（第7回）。
	3月15日	北九州市小倉産魚類化石第二次発掘調査報告書提出。
	4月1日	北九州市立自然火博物館開設準備室設立。
	5月1日	北九州市立自然史博物館開設準備室の責任者の太田正道さんから、博物館友の会を発足させたいが、世話してもらえないかと依頼を受ける。
	7月31日	発起人案内状発送先は、博物館を創ろう会に参加して頂いた方々を友の会の発足のために、曾塚は発会準備をした。

昭和53（1978）年	8月15日	友の会発会世話人会。 友の会発会世話人会・承諾回答者リストを作成。
	8月19日	北九州市立自然史博物館友の会発会世話人会（第1回）。 北九州市立自然史博物館友の会の第1回発会世話人会を開催するために、準備のための役員予定者の会合・日時・場所・記念講演などを審議した。
	9月30日	北九州市立自然史博物館友の会　発会世話人会（第二回）。
	10月28日	北九州市立自然史博物館友の会　発会世話人会（第三回）。
	12月10日	北九州市立自然史博物館友の会　発会世話人会（第四回）。
	12月	北九州市立自然史博物館の建設について（答申）。 北九州市市立自自然史博物館建設調査委員会。
昭和54（1979）年	1月7日	北九州市立自然史博物友の会発会総会準備をする。礼状の発送を準備する。
	1月12日	北九州市立自然史博物館友の会発会総会。
	2月18日	「東洋象の乳歯」青龍窟にて産する。52年10月に道下哲也さん採取。
	6月	旧山田弾薬庫跡地、3分割方式に基づく利用計画の決定前の暫定的な一時使用許可。3分割案による払い下げ決議に基づく。
	11月15日〜 29日	「こどものための自然史展」。　北九州市立自然史博物館開設準備室。 正会員257名、準会員83名の合計340名の会員数となる。 総会当日に入会した人をいれて、準備室の段階で500人に及ぶ会員となる。
	6月11日〜 16日	「あなたと自然展」。北九州市立自然史博物館開設準備室収蔵資料展示会。 北九州市庁舎・2階ホール　協賛展示：北九州市自然史友の会。
		歴史・考古・自然史の三館が合体し、北九州市立いのちのたび博物館ができた。
昭和55（1980）年	2月18日	「東洋象の乳歯」青龍窟にて産する報道。52年10月に道下哲也さん採集。
	6月	小熊野川にホタル飛ぶ　昨年幼虫を放流。
	6月6日	小熊野川でホタル祭り　第1回。
	9月13日	八幡駅ビル仮オープンのための準備費に、3800万円の補正予算がつく。
昭和56（1981）年	5月2日	北九州市立自然史博物館が、八幡駅ビル2階開館式が行われる。
	8月8日	旧山田弾薬庫跡地、3分割方式に基づく利用計画　昭和54（1979）年6月に決議されていた。3分割案による払い下げに基づき、決定前の暫定的な一時使用が許可される。
平成18（2006）年		いのちのたび博物館に平尾台の植物園を新設する。
平成28（2016）年	7月22日〜 8月23日	平尾台カルスト台地で、日本で初のホタルの確認を行う。水生ホタルのゲンジボタル、陸生ホタルのオオマドボタルを確認。
	10月31日	最終的に、博物館ができたけれど、平尾台産の動物の化石・獣骨はまだ納品されていない。

著者紹介

曾塚 孝(そつか たかし) 北九州ケイビングクラブ（KCC）

昭和10(1935)年、福岡県旧小倉市に生まれる
広島大学で植物学を学び、九州大学で地質学を学ぶ
福岡県立高等学校に勤務し、福岡県生物部会会長、日本理学協会副会長、日本洞窟協会副会長などを歴任
硬骨魚類の調査を行い、北九州市立自然史歴史博物館創立に働く
国定公園平尾台の調査に携わる

退職後、北九州工業高等専門学校非常勤講師(生物担当)を務め、そのときにDNAの簡易抽出法を考案
現在は、九州工業大学理数教育支援センターの客員教授を務める
その間国定公園福岡県・平尾台や天然記念物平尾台の洞窟や陥没穴の調査を行う
北九州市立歴史博物館、考古博物館評議委員
貴重動物の保護のため、平尾台にてニホンオオカミを発掘し、発表する
トレイルランニングレースでインパクトに関する環境調査と報告を行う

著書に平尾台の石灰洞、魚類化石発掘調査報告、日本オオカミ調査報告、平尾台トレイルランニングの魅力など

協力者

各調査の計画と実施に主にご協力いただいた方々で、調査に対する疑問や調査などでお世話になりました。高校時代から還暦を迎えた今まで、無事故で調査を行えたことに感謝いたします
化石調査、洞窟調査、地質調査および、よもやま話などの全般に関して、ご協力いただいた北九州ケイビングクラブ（KCC）、樋口輝己君、多田隈優君、亀井俊幸君、池内英雄君、桑田和夫君、添嶋修次君、大江弘幸君、高津浩二君、木本貞孝君、光田和弘君

作業スタッフ

書籍の制作全般において、資料整理などの出版に関する諸作業にご協力をいただいた樋口輝己君、多田隈優君、亀井俊幸君、曾塚華子さん

資料情報

特にフズリナ類、サンゴ礁、洞窟調査、洞窟内の獣骨類の調査に関連しました北九州ケイビングクラブ（KCC）、樋口輝己君、亀井俊幸君、多田隈優君、北九州高等学校教師（地学担当）須藤泰弘さん
サンゴ礁化石類の調査、魚類化石調査、平尾台の石灰岩の調査、平尾台の石灰洞の調査など平尾台の調査全般に関することにご協力いただいた池内英雄君、桑田和夫君、宝庄一郎君、畑間悟君、横山真知子さん、米村ゆかりさん、光田和弘君
平尾台町内会伝調査全般に関することにご協力いただいた前田康典さん、潮来芳道さん、壹岐尾政智さん、壹岐尾憲文さん
千仏鍾乳洞の館長で調査全般についてご協力いただいた古田唯彦さん、古田省三さん
北九州市立いのちのたび博物館職員でご協力いただいた真鍋徹さん（植物について）、藤井厚志さん（地質および地形について）
洞窟内の動物化石などご協力いただいた群馬県立自然史博物館名誉館長の長谷川善和さん
平尾台の植物や動物の現地の入山調査で、開発区の立ち入り調査に関する注意事項についてお世話になりました住友大阪セメント株式会社小倉事業所、三菱マテリアル株式会社東谷鉱山セメントの皆さん

表紙デザイン 多田隈優君（KCC）、樋口輝己君（KCC）
表紙写真 目白洞の地下の滝口、目白洞、魚類化石スレンダータイプ、魚類発掘風景など

国定公園 平尾台の魅力

2016年12月14日 初版第一刷発行

編 著 者	曾塚 孝
発 行 者	佐藤 裕介
編 集 人	遠藤 由子　冨永 彩花
発 行 所	株式会社 悠光堂
	〒104-0045 東京都中央区築地 6-4-5 シティスクエア築地 1103
	電話：03-6264-0523　FAX：03-6264-0524　http://youkoodoo.co.jp
制作・デザイン	渡辺 桂
印刷・製本	株式会社 シナノパブリッシングプレス

無断複製複写を禁じます。
乱丁本・落丁本はお取替えいたします。

ISBN 978-4-906873-71-5　C0044
定価：本体 3,000 円＋税
©2016 Takashi Sotsuka, Printed in Japan

友の会出版会